北大版海外汉语教材

Mei Zhou

简体版 Simplified Chinese

美洲华语

第一册 作业本 Workbook

许笑浓 主编

Level 1

北京大学出版社
PEKING UNIVERSITY PRESS

图书在版编目(CIP)数据

美洲华语·第一册·作业本 / 许笑浓主编. —北京:北京大学出版社,2010.10

(北大版海外汉语教材)

ISBN 978-7-301-15972-9

Ⅰ.美… Ⅱ.许… Ⅲ.汉语-对外汉语教学-习题 Ⅳ.H195.4

中国版本图书馆 CIP 数据核字(2009)第 179211 号

书　　　名:	美洲华语·第一册·作业本
著作责任者:	许笑浓　主编
责 任 编 辑:	沈浦娜　邓晓霞
标 准 书 号:	ISBN 978-7-301-15972-9/H·2344
出 版 发 行:	北京大学出版社
地　　　址:	北京市海淀区成府路 205 号　100871
网　　　址:	http://www.pup.cn
电　　　话:	邮购部 62752015　发行部 62750672
	编辑部 62753334　出版部 62754962
电 子 邮 箱:	zpup@pup.pku.edu.cn
印　刷　者:	北京中科印刷有限公司
经　销　者:	新华书店
	889 毫米×1194 毫米　大 16 开本　14 印张　216 千字
	2010 年 10 月第 1 版　2010 年 10 月第 1 次印刷
定　　　价:	42.00 元(附生字卡一套)

未经许可,不得以任何方式复制或抄袭本书之部分或全部内容。
版权所有,侵权必究　举报电话: 010-62752024
　　　　　　　　　　　电子邮箱: fd@pup.pku.edu.cn

目　录

序　言 ··· 1
前　言 ··· 4
使用说明 ··· 6

第一单元

第一课　课文：(1)上山找老虎；(2)我的朋友在哪里
　　　　　第一周　语文练习 ··· 1
　　　　　　　　　亲子话题：细心(一) ······························· 6
第二课　课文：(1)一棵树上十样果；(2)握握手
　　　　　第二周　语文练习 ··· 7
　　　　　　　　　亲子话题：细心(二) ······························· 12
复　习　第三周　语文练习 ··· 13
　　　　　　　　　亲子话题：细心(三) ······························· 18

第二单元

第三课　课文：(1)拍拍手；(2)一年有几个月
　　　　　第一周　语文练习 ··· 19
　　　　　　　　　亲子话题：做梦(一) ······························· 24
第四课　课文：(1)我有十个手指头；(2)画张画儿——小猪
　　　　　第二周　语文练习 ··· 25
　　　　　　　　　亲子话题：做梦(二) ······························· 30
复　习　第三周　语文练习 ··· 31
　　　　　　　　　亲子话题：做梦(三) ······························· 36

第三单元

第五课　课文：(1)小人儿上大山；(2)晚上
　　　　　第一周　语文练习 ··· 37
　　　　　　　　　亲子话题：保护环境(一) ························ 42
第六课　课文：(1)妈妈的生日；(2)起得早
　　　　　第二周　语文练习 ··· 43
　　　　　　　　　亲子话题：保护环境(二) ························ 48

复 习　　第三周　语文练习 49
　　　　　　　　亲子话题：保护环境(三) 54

第四单元

第七课　　课文：(1)红花儿和白花儿；(2)下雨了
　　　　　　　　第一周　语文练习 55
　　　　　　　　亲子话题：乐观(一) 60

第八课　　课文：(1)大风和大雨；(2)来猜拳
　　　　　　　　第二周　语文练习 61
　　　　　　　　亲子话题：乐观(二) 66

复 习　　第三周　语文练习 67
　　　　　　　　亲子话题：乐观(三) 72

第五单元

第 九 课　　课文：一粒米
　　　　　　　　第一周　语文练习 73
　　　　　　　　亲子话题：帮忙(一) 78

第 十 课　　课文：猴子穿新衣
　　　　　　　　第二周　语文练习 79
　　　　　　　　亲子话题：帮忙(二) 84

复 习　　第三周　语文练习 85
　　　　　　　　亲子话题：帮忙(三) 90

第六单元

第十一课　　课文：(1)五官和双手；(2)口说好话
　　　　　　　　第一周　语文练习 91
　　　　　　　　亲子话题：说谢谢(一) 96

第十二课　　课文：(1)小狗和小鸡；(2)雪人怎么不见了
　　　　　　　　第二周　语文练习 97
　　　　　　　　亲子话题：说谢谢(二) 102

复 习　　第三周　语文练习 103
　　　　　　　　亲子话题：说谢谢(三) 108

第七单元
　　第十三课　　课文：(1)小嘴巴；(2)镜子
　　　　　　　　　第一周　语文练习 109
　　　　　　　　　　　　　亲子话题：安全(一) 114
　　第十四课　　课文：比一比
　　　　　　　　　第二周　语文练习 115
　　　　　　　　　　　　　亲子话题：安全(二) 120
　　复　　习　　第三周　语文练习 121
　　　　　　　　　　　　　亲子话题：安全(三) 126

第八单元
　　第十五课　　课文：什么是朋友
　　　　　　　　　第一周　语文练习 127
　　　　　　　　　　　　　亲子话题：爱护动物(一) 132
　　第十六课　　课文：我和我的朋友
　　　　　　　　　第二周　语文练习 133
　　　　　　　　　　　　　亲子话题：爱护动物(二) 138
　　复　　习　　第三周　语文练习 139
　　　　　　　　　　　　　亲子话题：爱护动物(三) 144

第一～二单元(第一～四课)总复习 145
第三～四单元(第五～八课)总复习 150
第五～六单元(第九～十二课)总复习 155
第七～八单元(第十三～十六课)总复习 160

附录一　生字和生词表(中英对照) 165
附录二　生字表(按音序排列) 169

序 言

　　随着中美两国经贸合作、文化交流的发展，美国人学习中文的热情也日益高涨。近几年，在中国大陆学中文的美国学生人数已跃居第三位，仅次于韩国和日本；而在美国，中文也超越了日语和俄语，成为第五大热门外语。（前四种依次为西班牙语、法语、德语和拉丁语）。大学里选修中文的学生逐年递增，成千的中小学申请增设中文课程，社区中文学校的学生已达十六七万，美国教育部门甚至打算在几个州试点从幼儿园一直到大学毕业的一条龙中文教学计划，以培养真正的"中国通"。外语教学最好从娃娃起步，这已经成为当今社会的共识，中国现在成千上万的小学、幼儿园，不都早已在教英语了吗？

　　近年来，供美国中小学生用的中文教材也越来越多，光从中国内地、台湾、香港、新加坡等地送来的就不下一二十种，百花齐放，美不胜收。一般来说，这些境外编写的教材比较注重中文学科的系统性和科学性，强调中华文化的正面灌输，但因对美国中小学生的知识水平和生活经验缺乏深切了解，有时难免隔靴搔痒，达不到预期的效果。所以，在美国教孩子学中文的教材，最理想的还是由知根知底的美国本土中文教师来编为好。这几年，也确实出版了几种颇受欢迎的本土中文教材，其中《美洲华语》是影响最大的教材之一，不出几年，光繁体字版就发行了好几万册，除当地中小学和社区中文学校使用外，英国、加拿大、丹麦等地也纷纷前来订购。现在再出简体版，将进一步扩大它的服务面，甚至对中国内地近百所国际学校的中文教学也有切实的借鉴作用。这套教材为什么会如此广受欢迎呢？我觉得它至少具有以下四方面的特色：

　　首先是它的科学性。作者从语言就是交际工具这一本质认识出发，制订明确的教学目标，循序渐进，通过反复的综合训练，来提高学生的中文交际能力，做到了纲举目张。教材严格按照美国外语教学标准和美国外语评鉴规范的要求来编写，对象是小学一年级到高中十二年级的学生。《美洲华语》全部十二册，学完八册就能达到美国高中中文水平测试（中文SAT II测验）和高中先修大学中文课程测试（AP中文）的要求。其中，教材特别注重在实际生活中的交际沟通功能：初级课文都有看图说话、看图对话的内容，中高级课文则有课堂讨论、讲故事等训练，由浅入深地培养口语表达能力。另外，也尽量将学生置身于中文环境中，通过做礼券、写贺卡、填表格、点菜单以及看旅游广告、商店招牌、用药说明、诊所告示等综合训练，扎实有效地培养用中文与社会沟通的能力。

　　其次是它的亲和力。人有脸，教材其实也有脸。即便正人君子，假如威严十足，人们也会敬而远之。同样，一本教材，即使科学水平很高，但如四平八稳，严肃有余，活泼不足，学生也会兴味索然，学习热情大打折扣。而本书亲切自然的风格，成为开启学生智慧的一把重要钥匙。

　　从内容上看，每册教材的选材都充分考虑到美国该年级学生的知识层面和生活经验的范畴，使同学感到亲切易懂。比如第二册介绍美国孩子常吃的食品名称，第三册介绍美国的地理地貌和多元人种，第四册介绍太阳系的另外六大行星等课文，都是与同年级所学的知识相依傍，显得自然、亲切。再如第六

1

册第一课"中学生的一天"介绍中学生上课与小学生不同之处,第七册谈到中学生禁止吸烟等事都贴近中学生的实际生活,使他们很容易接受。

从构思谋篇的技巧来看,也尽量做到自然流畅,水乳交融。如从美国孩子几乎人人看过的动画片"木兰"谈到中国的花木兰,再到华盛顿时期同样女扮男装的美国花木兰,历史的巧合,令人兴趣盎然。第六册课文"学生最喜欢的米夫子"中,从美国老师米夫子引出孔夫子的格言,再转到美国加州的孔子日和美国的教师节,自然地介绍了中美的文化习俗,紧接着故事阅读是"孔子的故事",进一步介绍了孔子的学说和影响,显得顺理成章。书中不少篇目都采用了一种融合中西、贯通古今的叙事笔法:如从蔡伦造纸的故事说到环境保护和废纸回收利用;用美国中学生禁烟的故事连接中国鸦片战争历史,最后又回到反毒问题等,将中国历史故事与美国现实生活浑然结合,又不乏教育意义,处处都显示出编者的功力。在某些文化现象的介绍上,又采取生动的比较法,给人深刻印象。如第六册的"一举两得"一文,先介绍了"一举两得"、"半途而废"、"火上加油"、"事半功倍"等在中英文中十分相似的成语,使学生有"君子所见略同"之感,接着的故事阅读"有趣的成语故事"则通过大家讲故事的方式介绍了"对牛弹琴"、"自相矛盾"、"亡羊补牢"等具有中国特色的成语,中西对比,同中有异,自然亲切。书中也注意介绍绝然相反的中美文化习俗,诸如美国人和长辈取同样的名字表示敬爱之情,而中国人则要避免与长辈同名,否则大逆不道等等,也都是非常有趣又很有用的常识。

第三是它的趣味性。充分的趣味性,这是编写儿童外语教材最需强调的要素。成年人学外语,有较强的目的性和自制力,教材即使乏味一点,多半也能硬着头皮学下去;而对孩子们来说,学外语本身就是一门苦差使,如果教材再无趣,更会加倍厌烦,必然事倍功半。所以编写供孩子学习的外语教材,趣味性的强弱甚至将决定教材的成败。但趣味性并不等同于一味地讲笑话、玩游戏,而是要在教学的各个环节上做到内容充实、形式多样,引人入胜。此书在这方面也有不少值得称道的尝试。

如全书插图丰富,生动传神。看图识字、看图认短语、看图对话,看图讲故事,看图认钱币,看图认菜肴……图文并茂,从感性到理性,让孩子从不断的比较和选择中去主动地获取知识,不仅学了中文,也启迪了才智。

汉字,往往是初学者的难点。但本书从最简单的象形字、会意字入手:月、山、林、火……一个个都生动传神,接着又通过拼字游戏等方式逐步扩展生字面,学生感受的首先是有趣而奇妙,也就不畏难了。再如书中许多中美文化、历史和生活习俗的内容,大都是通过讲故事,做游戏,办活动等形式来生动活泼地进行介绍;不少课文,还常有出人意外的结尾,幽默隽永,回味无穷,不仅深受孩子喜爱,也从整体上提升了教材的文学格调。

第四是它的实用性。这在学和教两个方面都有充分体现。一是学的内容非常有用,语言、文化并重,强调交际、沟通。尤其重视语音的学习,一开始就运用先进的汉语节律朗读训练法,彻底摈弃洋腔洋调,让学生说一口地道的汉语,这在其他中文教材中是很少见的。二是这教材对执教的老师也非常实用。虽然教师手册还没有做出,但在每一单元课文和练习中,都严格规定了教学进度、教学流程和操作规范以及练习的方式和要求,书后还附有全部课文和故事阅读的英语译文,除教科书和作业本外,还配有故事书和生字卡片(繁简体互见,标示笔顺、例举词语并附英文注释)、CD-Rom光碟等一系列辅助教具，帮助教师得心应手地去主导教学活动。总之，这是一套很有创意又非常合用的本土中文教材。

教材主编许笑浓女士嘱我为本书写篇序言，让我有机会把已出版的一至七册教材细细读了一遍。其实，对编写教材所经历的诸多磨难和甘苦，外人是难有切身体会的，真所谓如人饮水，冷暖自知。所以，这套由一个精干的团队兢兢业业花了多年心血编写出来的煌煌巨著，要我这个局外人用一篇短文来概括其精髓，就难免挂一漏万。以上说的四点，权且作为我的读书心得吧！

许笑浓女士是我近二十年的老朋友了，她是全美中文学校联合总会的创会会长，在美从事中文教学和研究三十余年，一心一意，孜孜不倦，中文教学好像成了她生命中的第一要素，令人敬仰。她们的编辑团队，有的是中文学校的校长、教务长，有的是资深的教师，是一个老中青三结合的理想梯队，也是一个敬业乐群的团队。我曾有幸与她们一起多次组织北美中文教学界访华研习团访问中国内地，一起走遍长城内外，大江南北，去许多知名的大、中、小学观摩教学，与同行们交流经验和心得。她们那种乐观进取的激情、虚怀若谷的情怀和团结友爱的精神，都给我留下了深刻的印象。我觉得这是一群与许笑浓一样，充满爱心和奉献精神，愿把毕生精力献给海外中文教学和传承中华文化事业的人，能为她们的教材写序，是我的荣幸。我为她们的成就由衷地高兴，并为她们的崇高事业深深祝福。

北京大学出版社是一个有眼光有格调的出版社，近年来它出版的许多优秀中文教材在学界广有影响，但今天这套简体字版的《美洲华语》却是一张新面孔，但愿这个由华夏母亲在北美大地上孕育出来的新生儿能与北大的兄弟姊妹们携手前进，走向更广阔的世界。是为序。

美国加州中国语言教学研究中心理事长

潘兆明

2010年5月于旧金山湾区

> 潘兆明教授，浙江海宁人。1955年毕业于北京大学中文系。曾任北大中文系汉语教研室副主任、北大对外汉语教学中心副主任、教授。曾当选世界汉语学会常务理事、中国修辞学会理事、北京语言学会理事。现任美国加州中国语言教学研究中心（Chinese Language Education & Research Center-CLERC）理事长。著有专著三部，教材六种，论文三十余篇。

前　言

　　《美洲华语》是一套结合语言课本、故事读物、生字卡、作业和多媒体教具的综合性教材。常常有人问一般的中文课本字数少、内容简短，为什么《美洲华语》不一样呢？编写《美洲华语》的理念是什么？我想用一个亲身经历的事情来做说明：多年前，一个美国朋友要我教他用筷子，他学得专心而且认真地记笔记，之后又不断地练习，不久就用得纯熟了。看老外都这么有兴趣，我也兴冲冲地教我中文班上的学生用筷子，没料到他们毫无兴趣。第二次上课，我捧了一大盘香喷喷的炒面走进教室，有了用筷子的目标，学生们果然都兴奋起来了，个个专心学用筷子，于是我的目的就轻易地达到了。语文和筷子都是工具，如果想要孩子爱学中文就得用丰富精彩的内容吸引他们，让他们不自觉地学中文、说中文，这就是我给孩子编写语言课本的理念。在学生们的眼里，《美洲华语》的图片多、文字多但是容易念，《美洲华语》像故事书一般的亲切，能帮助他们提升中文能力、具有成就感。《美洲华语》课本在语言的表达上要求整体意念的流畅，每册的生字量与其他中文课本相当，但是文字总数却是其他课本的十几倍，所以学过的生字词还不断地重复出现，让孩子学习有成效，不容易学了后头忘了前头；词汇的范围包含同步学习的各项学科，让学生随着年龄的增长，中文习得能力也在同步增长。

　　《美洲华语》用怎样的内容吸引孩子学中文呢？这也是常被问到的问题。《美洲华语》每册均附有该册的编写大纲、编写方式、教学及课程进度设计等说明。《美洲华语》的题材多元，它涵盖了人文、历史、科学、社会、文学、寓言、成语故事、民俗节日和日常生活等。《美洲华语》中课文、故事和会话内容的深浅随着学生的年龄、生活经验和习得知识而增长。孩子们在成长过程中，随时可能遇到自我认同的疑惑，因此自信心及自我意识的培养犹为重要。所以，《美洲华语》内容的主调就是帮助学生心理与智能的健康发展，在文化意识上强调中西思想的融合贯通，这些意图都蕴藏在课本的内容里，让每

篇课文、故事和会话都与学生的思想产生共鸣，给他们自由发挥的空间。如果要问《美洲华语》的中心思想是什么？那就是培育具有中西文化特质的优秀公民、共同促使中华文化成为美国主流文化的一部分，增进民族间、族裔间的理解与和谐。

　　我从事中文教学与行政管理工作已经有三十多年的历史。这么多年来，我一直在中文教学的氛围里学习和成长，对于家长们的期望、孩子们学习中文的挫折和老师们教学的辛苦感同身受。我常常想，如果有一套让学生开心，家长放心和老师省心的课本那该有多好？2003年6月，在美国大学理事会宣布推出AP中文测试的决定之后，应

各地区中文学校的要求并获得支持后，我组织《美洲华语》编辑团队开始编辑和出版工作，多年来的艰辛、汗水与挫折，在孩子们的欢声、家长们的笑语和老师们的鼓励声中得到了回报。现在不仅美国中文学校使用，而且东西岸的一些公私立学校的双语班（bilingual/ immersion class）也采用。我希望越来越多的学校和家长都愿意使用《美洲华语》，并与我们建立起密切的联系，通过我们的共同努力，使《美洲华语》日臻完善。

最后，我首先要感谢《美洲华语》团队的五位基本成员———朱凯琳、李雅莉、许美玲、郑佩玲和卢业佩（姓氏笔画为序），还要感谢协助我们的两位老师裘锦澐和赵怡德，没有她们的支持与合作就不可能有《美洲华语》的出版。我更要感谢潘兆明教授和沈浦娜主任，由于他们的赏识和推荐，盛名远播的北京大学出版社将出版简体字版，让更多的学生得以使用。 2003年以来，美洲华语得到许许多多团体和热心人士的提携及爱护，我等铭记于心，并在此致上衷心的感谢。

《美洲华语》主编/创作编写　许笑浓
2010年春于美国加州橙县

使用说明

编写说明

《美洲华语》是由《美洲华语》教材编委会为美洲地区 1 年级至 12 年级的学生编写的中文教材，适合每周上课 2-4 小时的中文学校学生使用，并与美国高中中文进阶课程（Chinese Advance Placement Program，简称 AP）以及美国大学的中文教学相衔接。

《美洲华语》（简体版）共 12 册，每册自成一套。包括课本、故事书、作业本（活页式）、生字卡、CD-Rom 光盘五个部分，其中课本包含故事书和 CD-Rom 盘；作业本（活页式）包含生字卡，可分别销售。

《美洲华语》简体字版采用汉语拼音注音，繁体字版则同时采用注音符号及汉语拼音注音。

《美洲华语》课本，是以美国外语教学标准（Standards for Foreign Language Learning, 5C）、美国外语评价规范（National Assessment Educational Progress Framework）为准则，融合多元智慧（Multiple Intelligence）编写而成。美国外语教学标准（5C）为：1. 培养沟通能力（Communication）；2. 体认中国文化与习俗（Cultures）；3. 贯连其他学科（Connections）；4. 比较中西文化特性（Comparisons）；5. 运用于实际生活（Communities）。五大标准中的"沟涌"又包括三个沟通模式（3 Modes）：双向沟通（Interpersonal），理解诠释（Interpretive），表达演示（Presentational）。因此，《美洲华语》各册内容的选材，均以相应年级学龄学生的各科知识层面、生活经验和对等程度的中国文化为主。各册课本、作业及辅助教材的设计，也特别注重学生在听力理解、口语表达、阅读理解、书写和翻译能力等方面的学习，以利于掌握三种沟通模式，融入多元智慧，从而达到"5C"外语教学标准。

使用说明

本册一共八个单元，每单元分为两课，共十六课。每个单元共 18 页作业，每两单元还配有 5 页复习作业，共 164 页作业。全书以活页形式包装，以便学生携带。别附生字卡一本，共 111 个生字。

本册作业练习可供 28 周使用。每一单元共有三周作业，前两周根据课文的第一部分及第二部分做练习，第三周则是单元复习。每周的作业包括五页语文练习和一页"亲子话题"。另外，每两单元又有一周的复习作业，可作为学生期中考试和期末考试考前的总复习。

一、<u>语文练习的设计以趣味性为方法，以加强学习成果为目的</u>。除了书写练习及生字、生词、句型的应用练习外，还有看图讲故事等。题型丰富、生动活泼。周一到周五的作业内容是采取由易而难、循序渐进的方式进行。每周一及周二的作业设计，重点放在语文练习中前 6—7 个生字及其生词的语音、理解、记忆和书写方面。每一个生字都特别标出笔划,学生须依照正确的笔划书写。周三以后作业的重点是字、词的运用、句型的练习及看图讲故事的练习,并有简体字和繁体字的对照练习题,让学生简繁都能认读。如果学生坚持从周一到周五,每天做一页作业,一定能达到事半功倍的效果。

二、亲子话题作业的内容与故事书中单元故事相关连。本册的"亲子话题"共八个,为细心、做梦、保护环境、乐观、帮忙、说谢谢、安全和爱护动物。由家长、学生和老师互动完成。每周一页的"亲子话题"编排在星期五的语文作业之后,家长和孩子从第一周就可以开始进行讨论(见"亲子话题"里"对家长说的话")。同一个话题要讨论三周,以循序渐进的方式帮助孩子完成认知、体验到实践的过程。第一周作业是以生活中的实例来帮助学生了解良好的习惯与行为。第二周作业是让父母与子女就一个实际的生活情境,思考并找出最适当的做法。第三周作业是对"亲子话题"的总结,重点要求家长认可并嘉奖孩子已落实的良好习惯和行为。最后,每单元由老师在班级上讨论并做总结,给学生鼓励和赞美,为本单元的"亲子话题"画上完美的句号。

《美洲华语》教材编写委员会

第一单元　第一课　语文练习　　星期一

姓名：
月　　日

　shēng zì xiě xie kàn
生字写写看：(Write each word five times.)

yī 一	yī 一					
èr 二	èr 二					
sān 三	sān 三					

　lián lian kàn
连连看：(Connect the pictures with the phrases.)

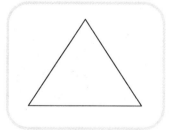　　

yí yàng
一样

èr lóu
二楼

sān jiǎo xíng
三角形

1

第一单元
第一课

星期二

姓名：＿＿＿＿

＿＿月＿＿日

 shēng zì xiě xie kàn
生字写写看：(Write each word five times.)

sān	sān						
三	三						
sì	sì						
四	四						
wǔ	wǔ						
五	五						

 lián lian kàn
连连看：(Connect the pictures with the phrases.)

sì ge píng guǒ
四个苹果

wǔ yuè
五月

èr hào
二号

2

第一单元 第一课  星期三 姓名：___ ___月___日

qǐng bǎ hàn zì hé yǔ tā xiāng duì yìng de shù zì tú shang xiāng tóng de yán sè
请把汉字和与它相对应的数字涂上相同的颜色：

(Match the character and its number with the same color.)

第一单元
第一课

星期四

姓名：_____

___月___日

 huà hua kàn
画画看：(Read the words or phrases and draw in the blanks.)

sān jiǎo xíng 三角形	èr lóu 二楼
sì ge píng guǒ 四个苹果	yì běn shū 一本书

 tián tian kàn
填填看：(Fill in the blanks.)

 ＋ ＝

èr　　jiā　　sān　　děng yú
二　加　三　等于　☐

 － ＝

wǔ　　jiǎn　　sān　　děng yú
五　减　三　等于　☐

第一单元 第一课  星 期 五   姓名：_____ 月　日

àn zhào gù shi shū li dān yuán　jiǎng gù shi　huí dá wèn tí
按照故事书里单元"讲故事"回答问题：(Answer the questions according to the section of "Telling a Story" in the story book.)

xiǎo xiǎo yí gòng yǒu jǐ tóu lǘ
1.【　】小小一共有几头驴？
jiǔ tóu lǘ　　shí tóu lǘ
　　（①九头驴　②十头驴）。

xiǎo xiǎo yǒu méi yǒu shǎo le yì tóu lǘ
2.【　】小小有没有少了一头驴？
yǒu　　　méi yǒu
　　（① 有　②没有）。

tián rù zhèng què de pīn yīn
填入正确的拼音：(Fill in the blanks with correct tones.)

　　　　　yī　　　yí　　　yì
　　　　　一、　一、　一

□ èr sān sì wǔ　　□ běn shū　　□ ge píng guǒ　　shí □ yuè
一二三四五、　一 本 书、　一个苹果、　十一月

亲子话题：细心（一）

姓名：_____

下面图画里，哪些是细心的行为？请用涂上颜色。

随手关紧水龙头

扣子扣错了

忘了写名字

把牙齿刷干净

对家长说的话：

培养孩子细心的良好习惯，要从日常生活中做起。

第一单元 第二课 第二周 语文练习  星期一 姓名：＿＿＿＿ ＿＿月＿＿日

 shēng zì xiě xie kàn
生字写写看：(Write each word five times.)

liù 六	liù 六						
qī 七	qī 七						
bā 八	bā 八						

 lián lian kàn
连连看：(Connect the pictures with the phrases.)

qī tiān	jiǔ shí jiǔ	bā diǎn zhōng
七天	九十九	八点钟

第一单元
第二课

星期二

姓名：_____

____月____日

shēng zì xiě xie kàn
生字写写看：(Write each word five times.)

jiǔ	jiǔ 九 九				
九	九				

shí	shí 十 十				
十	十				

bǎi	bǎi 百 百 百 百 百 百				
百	百				

qiān	qiān 千 千 千				
千	千				

lián lian kàn
连连看：(Match the character with its English meaning.)

ten　　eight　　six　　nine　　four

八　　六　　十　　九　　四

(ten — 十)

8

第一单元
第二课

星期三

姓名：_____

____月____日

lián lian kàn
连连看： (Connect the pictures with the phrases.)

xìng zi
杏子

mù guā
木瓜

táo zi
桃子

jú zi
橘子

xiě xie kàn　bìng dà shēng niàn liǎng biàn
写写看，并大声念两遍：(Fill in the blanks and read the paragraph out loud two times.)

yī　　　　èr　　　　sān　　wò wò shǒu
____　____　____，握握手。

sì　　　　wǔ　　　　liù　　diǎn diǎn tóu
____　____　____，点点头。

qī　　　　bā　　　　jiǔ　　dà bù zǒu
____　____　____，大步走。

shí　　　　bǎi　　　　qiān　　zǒu yuán quān
____　____　____，走圆圈。

9

第一单元
第二课

星期四

姓名：_____

____月____日

lián lian kàn
连连看：(Connect the pictures with the phrases.)

pú táo
葡萄

xiāng jiāo
香蕉

lí
梨

lǐ zi
李子

píng guǒ
苹果

fān qié xī hóng shì
番茄（西红柿）

tián tian kàn
填填看：(Fill in the blanks.)

1. 九十九加一等于_____。
   jiǔ shí jiǔ jiā yī děng yú

2. 1000 就是一_____。
   jiù shì yī

3. 一星期有_____天。
   yì xīng qī yǒu   tiān

4. 我今年_____岁。
   wǒ jīn nián   suì

5. 我____点钟上学。
   wǒ   diǎn zhōng shàng xué

10

第一单元 第二课

星期五

姓名：_____

_____月_____日

 tián tian kàn
填填看：(Count the strokes of the character and color the indicated stroke in red.)

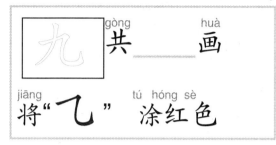
九　共___画
jiāng　　　　tú hóng sè
将"乙"涂红色

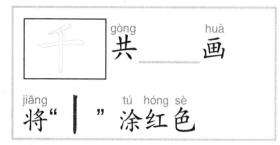
千　共___画
jiāng　　　　tú hóng sè
将"丨"涂红色

 àn zhào shù zì shùn xù tián chōng
按照数字顺序填充：(Fill in the missing numbers in order.)

1. 一百　　　　　三百

2. 六千　　　　　八千

 lián lian kàn
连连看：(Match the picture with the description.)

xiǎo xiǎo gǎn zhe shí tóu lǘ　　tā yì biān zǒu　yì
小小赶着十头驴，他一边走，一
biān shǔ　　yī èr sān sì wǔ liù qī bā jiǔ shí
边数："一二三四五六七八九十。"

xiǎo xiǎo qí shàng yì tóu lǘ　　yī èr sān sì wǔ liù
小小骑上一头驴。一二三四五六
qī bā jiǔ　　zěn me shǎo le yì tóu lǘ
七八九，怎么少了一头驴？

亲子话题：细心（二）

姓名：_____

放学了！石林要带哪些东西回家呢？

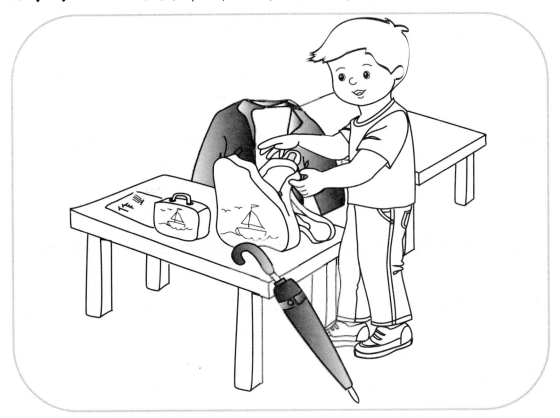

请家长帮忙写下孩子的回答：

对家长说的话：
如果孩子有忘记带东西回家的习惯，请家长和孩子们共同讨论，找出改进的方法。

写汉字： (Write a character for each pinyin.)

第一单元 复习   星期二   姓名：____
　　　　　　　　　　　　　　　月____日____

按照数字的顺序填填看：
(Fill in the missing numbers in order.)

1. 六 — ○ — ○ — 九 — ○

2. ○ — 三 — ○ — 五 — ○

3. 一百 — ○ — ○ — 四百

4. 一千 — ○ — 三千 — ○

填填看： (Count the strokes of the character and color the indicated stroke in red.)

| 百 | 共有____画，将第一画涂红色 |

| 五 | 共有____画，将第二画涂红色 |

| 千 | 共有____画，将第三画涂红色 |

第一单元
复习

星期三

姓名：_____

____月____日

lián lian kàn
连连看：(Match the picture with its character.)

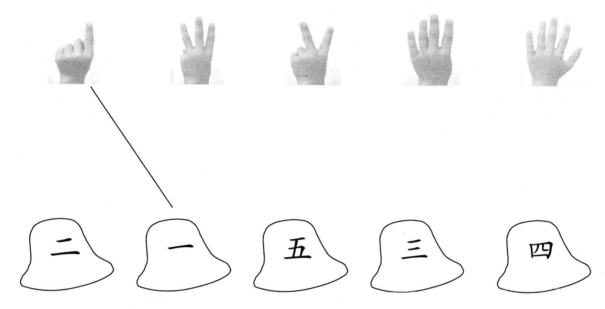

tián tian kàn
填填看：(Fill in the blanks.)

(1)   4   +   3   =   7

　　__四__ __加__ _____ __等于__ _____
　　　　　jiā　　　　　　　děng yú

(2)   6   -   5   =   1

　　_____ __减__ _____ __等于__ _____
　　　　　jiǎn　　　　　　　děng yú

(3)   2   +   8   =   10

　　_____ __加__ _____ __等于__ _____
　　　　　jiā　　　　　　　děng yú

第一单元 复习

星期四

姓名：_____
____月____日

kàn tú tián tian kàn
看图填填看：(Look at the pictures and complete the paragraph.)

xiǎo xiǎo gǎn zhe shí tóu lǘ　tā
小小赶着十头驴，他

yì　　biān zǒu　　yì biān shǔ
___边走，一边数：

yī èr sān sì wǔ liù qī bā jiǔ
"一 二 ___ ___ 五 ___ ___ ___ ___

shí
十。"

xiǎo xiǎo qí shàng yì tóu lǘ
小小骑上一头驴。

xiǎo xiǎo shǔ　　　yī èr
小小数："一___

sān sì wǔ liù qī bā jiǔ　　āi ya shǎo le yì tóu lǘ
___ 四 ___ ___ 七 ___ ___，哎呀！少了一头驴！"

xiǎo xiǎo yòu shǔ yī èr
小小又数"一二

sān sì wǔ
___ ___ ___

liù qī bā jiǔ shí ǹg méi cuò
六 ___ ___ ___ 十。嗯！没错！"

第一单元
复习

星期五

姓名：_____
___月___日

kàn tú tián tian kàn
看图填填看：(Look at the pictures and complete the paragraph.)

xiǎo xiǎo qí shàng lǘ　　tā zài shǔ　　yī　èr　**sān**
小小骑上驴，他再数："一二____

sì　　wǔ　　liù　　qī　　bā　　jiǔ
四____ ____七____ ____

āi ya　zěn me yòu shǎo le　**yì**　tóu
……哎呀！怎么又少了____头！"

huà hua kàn
画画看：(Read the words or phrases and draw in the blanks.)

| sì ge sān jiǎo xíng 四个三角形 | sān běn shū 三本书 |
| liù kē pú táo 六颗葡萄 | qī gēn xiāng jiāo 七根香蕉 |

亲子话题：细心（三）　　姓名：

下面哪些是细心的行为？请把 ☺ 涂上颜色。

- 记得把学校的通知单带回家。 ☺

- 记得把外套带回家。 ☺

- 睡前检查书包，准备好上学要带的东西。 ☺

- 没有把午餐盒带回家。 ☺

- 上过厕所后忘了冲水。 ☺

- 其他

对家长说的话：
本周是细心话题的总结，请写出孩子细心的行为，以便在课堂上和同学分享。

第二单元 第一周
第三课 语文练习  星期一

姓名：
　　月　　日

 shēng zì　xiě xie kàn
生字写写看：(Write each word five times.)

dà	dà							
大	大							
xiǎo	xiǎo							
小	小							
shǒu	shǒu							
手	手							

大 大 大
小 小 小
手 手 手 手

 lián lian kàn
连连看：(Connect the pictures with the phrases.)

xǐ shǒu　　　　xiǎo hái　　　　shǒu jī
洗手　　　　　小孩　　　　　手机

第二单元
第三课

姓名：_____

星期二

___月___日

shēng zì　xiě xie kàn
生字写写看：(Write each word five times.)

shàng	shàng					
上	上					

上 上 上

zhōng	zhōng					
中	中					

中 中 中 中

xià	xià					
下	下					

下 下 下

lì	lì					
力	力					

力 力

 lián lian kàn
连连看：(Connect the pictures with the phrases.)

shàng xué　　　　　lì qi　　　　　yòng lì
上学　　　　　　力气　　　　　用力

20

第二单元
第三课

星期三

姓名：

月　　日

qǐng xiě pīn yīn hé zǒng bǐ huà shù
请写拼音和总笔画数：(Write the pinyin and the number of strokes of each word.)

huà hua kàn
画画看：(Draw pictures according to the following instructions.)

zài zhuō zi shàng miàn huà sān ge xiǎo píng guǒ
1. 在桌子上面画三个小苹果。

zài zhuō zi xià mian huà yì běn shū
2. 在桌子下面画一本书。

21

第二单元
第三课

星 期 四

姓名：＿＿＿＿
＿＿月＿＿日

填填看： (Fill in the blanks.)

lǎo shī de　dà　　shǒu　pāi　yì　pāi　　xiǎo　péng you de　xiǎo
老师的＿＿＿ ＿＿＿拍＿＿＿拍，＿＿＿朋友的＿＿＿

shǒu　pāi　yì　pāi　　shàng　pāi　sān　xià　　xià　pāi
＿＿＿拍＿＿＿拍，＿＿＿拍＿＿＿ ＿＿＿，＿＿＿拍

sān　xià　　zhōng jiān yòng　lì　pāi　yí　xià　　dà
＿＿＿ ＿＿＿，＿＿＿间用＿＿＿拍＿＿＿ ＿＿＿，大

jiā　yì　qǐ　zuò　xià　lái
家＿＿＿起坐＿＿＿来。

填填看： (Count the strokes of the character and color the indicated stroke in red.)

　gòng yǒu ＿＿＿ huà，jiāng dì yī huà tú hóng sè
共有＿＿＿画，将第一画涂红色。

　gòng yǒu ＿＿＿ huà，jiāng dì èr huà tú hóng sè
共有＿＿＿画，将第二画涂红色。

　gòng yǒu ＿＿＿ huà，jiāng dì sān huà tú hóng sè
共有＿＿＿画，将第三画涂红色。

第二单元
第三课

星期五

姓名：_____

___月___日

　　àn zhào gù shi shū li dān yuán　 jiǎng gù shi　　huí dá wèn tí
　　按照故事书里单元"讲故事"回答问题：(Answer the questions according to the section of "Telling a Story" in the story book.)

　　　　xiǎo shí mǎi le shén me　　　　　yí ge dà yuè liang　　yí ge dà qì qiú
1.【　】小石买了什么？（①一个大月亮　②一个大气球）

　　　xiǎo shí de qì qiú wǎng tiān shang fēi pèng dào　　tài yáng le　 yuè liang
2.【　】小石的气球往天上飞碰到（①太阳了②月亮
　　　le
　　　了）。

　　　xiǎo shí　　 zhēn de cóng tiān shang diào xia lai le　　zhǐ shì zuò le yì chǎng
3.【　】小石（①真的从天上掉下来了　②只是做了一场
　　　mèng
　　　梦）。

　　yòng　zhōng　xià　shàng　dà　xiǎo　tián chōng
　　用"中、下、上、大、小"填充：
　　(Fill in the blanks with the words above.)

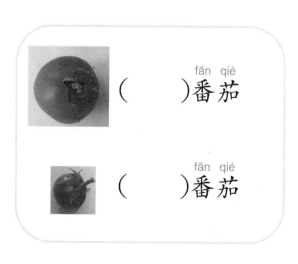

亲子话题：做梦（一）

姓名：_____

下面图画里，哪些是你喜欢的梦？请用✏涂上颜色。

梦到得第一名

梦到得一百分

梦到圣诞老公公

梦到怪物在追你

对家长说的话：
请和孩子分享做梦的经验，了解孩子的心理。

第二单元 第四课 第二周 语文练习  星期一   姓名：___ ___月___日

 shēng zì xiě xie kàn
生字写写看：(Write each word five times.)

gōng	工 工 工							
工	工							
yòu	右 右 右 右 右							
右	右							
zuǒ	左 左 左 左 左							
左	左							

 lián lian kàn
连连看：(Connect the pictures with the phrases.)

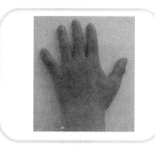  

zuǒ shǒu
左手

gōng jù
工具

yòu shǒu
右手

第二单元
第四课

星期二

姓名：_____

___月___日

 shēng zì xiě xie kàn
生字写写看：(Write each word five times.)

jiān	jiān						
尖	尖						

尖尖尖尖尖尖

kǒu	kǒu						
口	口						

口口口

bù	bù						
不	不						

不不不不

yǒu	yǒu						
有	有						

有有有有有有

lián lian kàn
连连看：(Connect the pictures with the phrases.)

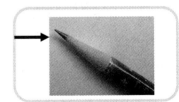

bú yào
不要

bǐ jiān
笔尖

kǒu xiāng táng
口香糖

26

姓名：_____

_____月_____日

 qǐng bǎ pīn yīn hé yǔ tā xiāng duì yìng de hàn zì tú shang xiāng tóng de yán sè
请把拼音和与它相对应的汉字涂上相同的颜色：
(Match the character and its pinyin with the same color.)

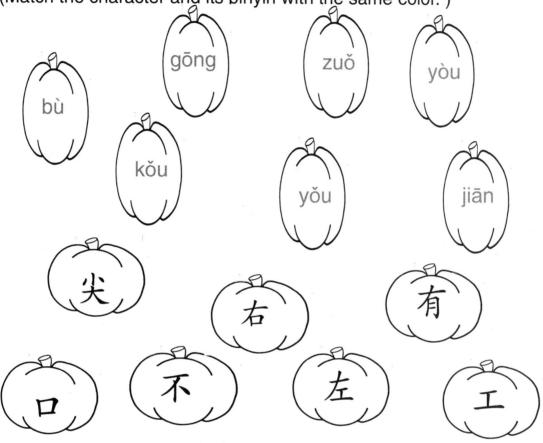

tián tian kàn
填填看： (Count the strokes of the character and color the indicated stroke in red.)

右	gòng yǒu _____ huà，jiāng "𠃌" tú hóng sè 共有_____画，将"𠃌"涂红色。
左	gòng yǒu _____ huà，jiāng "丿" tú hóng sè 共有_____画，将"丿"涂红色。
工	gòng yǒu _____ huà，jiāng "丨" tú hóng sè 共有_____画，将"丨"涂红色。

第二单元
第四课

星 期 四

姓名：_____

____月____日

kàn tú tián zì
看图填字：(Look at the pictures and fill in the blanks.)

( )( )

( )( )

biān
( )边

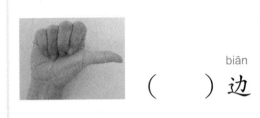
biān
( )边

xiāng táng
( )香糖

bǐ
笔( )

tián tian kàn
填填看：(Fill in the blanks with the given words.)

| 十二   十   左   右 |

shù de   bian yǒu yì bǎ yǐ zi
1. 树的_____边有一把椅子。

shù de   bian yǒu yí ge qiú
2. 树的_____边有一个球。

yì nián yǒu   ge yuè
3. 一年有_____个月。

wǒ yǒu   ge shǒu zhǐ tou
4. 我有_____个手指头。

第二单元
第四课

星 期 五

姓名：_____

____月____日

tián rù zhèng què de pīn yīn
填入正确的拼音：(Fill in the blanks with correct tones.)

bú		bù

不 、 不

[ ] chí dào　　[ ] kāi kǒu　　[ ] zài jiā

不迟到、　　不开口、　　不在家

[ ] shì　　[ ] zhī dào　　[ ] hǎo

不是 、 不知道、 不好

lián lian kàn
连连看：(Match the picture with the description.)

yǒu yì tiān　xiǎo shí mǎi le　yí ge hěn dà
有一天，小石买了一个很大
hěn dà de qì qiú
很大的气球。

xiǎo shí wǎng xià diào　　wǎng xià diào
小石往下掉！往下掉！
wǎng xià diào
往下掉！

yuè liàng yòng jiān jiān de　yá chǐ　　yǎo le qì
月亮用尖尖的牙齿，咬了气
qiú yì kǒu　　pā　qì qiú pò le
球一口。啪！气球破了！

亲子话题：做梦（二）

姓名：_____

石林被噩梦吓醒了，不敢再睡觉，怎么办呢？

请家长帮忙写下孩子的回答：

对家长说的话：
请家长耐心听孩子做恶梦的感觉，并给予适当的建议。

第二单元 复习　第三周 语文练习　星期一

姓名：＿＿＿＿

＿＿月＿＿日

 qǐng bǎ hàn zì hé yǔ tā xiāng duì yìng de pīn yī tú shang xiāng tóng de yán sè
请把汉字和与它相对应的拼音涂上相同的颜色：

(Match the character and its pinyin with the same color.)

第二单元 复习

星 期 二

姓名：_____

____月____日

 tián tian kàn
填填看：(Count the strokes of the character and color the indicated stroke in red.)

| 尖 | gòng yǒu _____ huà, jiāng dì sì huà tú hóng sè
共有_____画，将第四画涂红色。 |

| 有 | gòng yǒu _____ huà, jiāng dì wǔ huà tú hóng sè
共有_____画，将第五画涂红色。 |

| 右 | gòng yǒu _____ huà, jiāng dì sì huà tú hóng sè
共有_____画，将第四画涂红色。 |

xiě xie kàn
写写看：(Fill in the blanks.)

zuǒ　　shǒu
_____手

yòu　　shǒu
_____手

zhōng　　wén
_____文

yòng　　lì
用_____

bù　　hǎo
_____好

gōng　　jù
_____具

xiǎo　　xué
_____学

xià　　wǔ
_____午

第二单元 复习 星期三 姓名： 月 日

jiāng xià liè gè zì　àn zhào shēng diào　tián rù zhèng què de fāng gé zhōng
将下列各字，按照声调，填入正确的方格中：
(Sort out the characters according to their tones.)

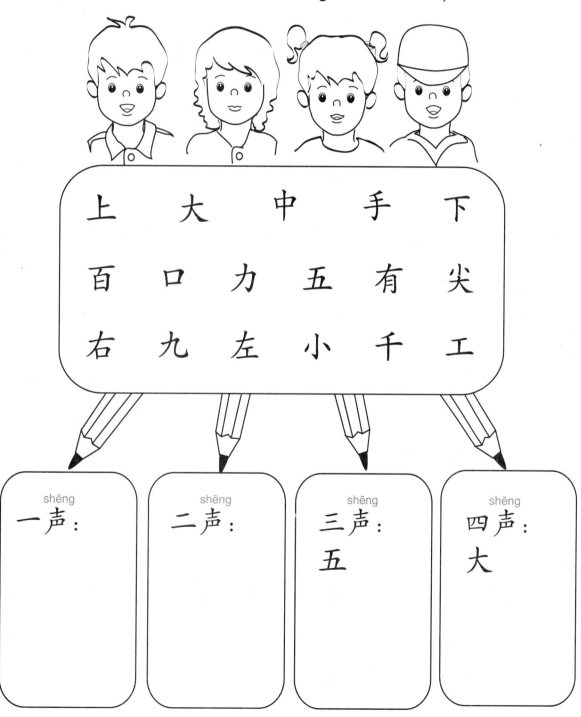

上　大　中　手　下
百　口　力　五　有　尖
右　九　左　小　千　工

一声：

二声：

三声：
五

四声：
大

第二单元 复习

星 期 四

姓名：_____

____月____日

kàn tú tián tian kàn
看图填填看：(Look at the pictures and complete the paragraph.)

	yǒu　　yì tiān　　xiǎo shí mǎi le　　yí　　ge hěn _____一天，小石买了_____个很 dà　　hěn　　dà　　de qì qiú _____很_____的气球。
	āi ya　　bù　　hǎo le　　qì qiú dài zhe xiǎo shí fēi 哎呀！____好了！气球带着小石飞 shàng　tiān le ____天了！
	xiǎo shí yòng　　lì　　zhuā zhe qì qiú　　qì qiú　　yì 小石用_____抓着气球，气球___ huǐr wǎng　　zuǒ　　fēi 会儿往_____飞！
	qì qiú　　yí　　huìr wǎng　　yòu　　fēi 气球_____会儿往_____飞！

34

第二单元 复习 星期五

姓名：_____
____月____日

看图填填看：(Look at the pictures and complete the paragraph.)

气球往_____飞！往_____飞！哎哟！气球碰到月亮了！

月亮用____ ____的牙齿，咬了气球____ ____。啪！气球破了！

小石往_____掉！往_____掉！往_____掉！

啊！正好掉在他自己的床_____。

35

亲子话题：做梦（三）

姓名：_____

你觉得做了下面哪些事可以让你睡得好？请把☺涂上颜色。

- 睡前上厕所。 ☺
- 睡前不要玩得太兴奋。 ☺
- 睡前不生气。 ☺
- 睡前吃很多东西。 ☺
- 睡前检查功课。 ☺
- 其他

对家长说的话：
本周是做梦话题的总结，请和孩子讨论，还有哪些方法可让孩子睡得安稳，以便在课堂上和同学分享。

第三单元 第五课 第一周 语文练习  星期一

姓名：
　月　日

 shēng zì xiě xie kàn
生字写写看：(Write each word five times.)

shān	shān					
山山山						
山	山					

shuǐ	shuǐ					
水水水水						
水	水					

huǒ	huǒ					
火火火火						
火	火					

 lián lian kàn
连连看：(Connect the pictures with the phrases.)

shān dòng　　　　　qì shuǐ　　　　　huǒ shān
山洞　　　　　　　汽水　　　　　　火山

37

第三单元
第五课

星 期 二

姓名：＿＿＿＿
＿＿月＿＿日

shēng zì xiě xie kàn
生字写写看：(Write each word five times.)

yuè	yuè							
月 月 月 月								
月	月							

mù	mù							
木 十 才 木								
木	木							

tǔ	tǔ							
土 十 土								
土	土							

lín	lín							
林 十 才 木 木 村 材 林								
林	林							

tián tian kàn
填填看：(Count the strokes of the character and color the third stroke in red.)

月　　gòng yǒu　　　　huà　　jiāng dì sān huà tú hóng sè
　　　共有＿＿＿画，将第三画涂红色。

火　　gòng yǒu　　　　huà　　jiāng dì sān huà tú hóng sè
　　　共有＿＿＿画，将第三画涂红色。

38

第三单元
第五课

星 期 三

姓名：_____

____月____日

✏️ kàn tú tián tian kàn
看图填填看：(Look at the pictures and fill in the blanks.)

mù guā	yuè liang	yuè bing
___瓜	___亮	___饼

mù tou	shān dòng	shù lín
___头	___洞	树___

✏️ fǎn yì cí tián tian kàn
反义词填填看：(Fill in the blanks with the antonyms.)

shān shàng
山 上

shàng shān
上 山

39

第三单元
第五课

星期四

姓名：_____
___月___日

lián lian kàn
连连看：(Match the picture with the phrase.)

yuán yuán de yuè liang
圆圆的月亮

fāng fāng de xiǎo mù wū
方方的小木屋

wān wān de tǔ lù
弯弯的土路

jiān jiān de shān dǐng
尖尖的山顶

tián tian kàn
填填看：(Fill in the blanks.)

shān　　dǐng　　jiān　　jiān　　　　tǔ　　lù　　wān wān　　sēn　　lín
____顶____ ____，____路弯弯，森____

li　yǒu　jiān　fāng　fāng　de　xiǎo　mù　wū　　tiān　shàng　yǒu ge yuán
里有间方方的____ ____屋，天____有个圆

yuán　de　　dà　　yuè　liang　　hái yǒu xǔ duō　xiǎo　xīng xing
圆的____ ____亮，还有许多____星星。

第三单元
第五课

星期五

姓名：_____

____月____日

^{tián tian kàn}
填填看：(Fill in the blanks.)

^{shān} ^{shàng} ^{dà} ^{huǒ}
____ ____ ____ ____！

^{xià} ^{shān} ^{xià} ^{shān}
____ ____！____ ____！

^{shān} ^{xià} ^{dà} ^{shuǐ}
____ ____ ____ ____！

^{shàng} ^{shān} ^{shàng} ^{shān}
____ ____！____ ____！

^{àn zhào gù shi shū li dān yuán   jiǎng gù shi   huí dá wèn tí}
按照故事书里单元"讲故事"回答问题：(Answer the questions according to the section of "Telling a Story" in the story book.)

^{dòng wù men wèi shén me méi yǒu jiā le   yīn wèi   sēn lín yǒu dà shuǐ}
1.【 】动物们为什么没有家了？因为（①森林有大水
^{dà huǒ bǎ sēn lín shāo guāng le}
②大火把森林烧光了）。

^{dòng wù men shuō   sēn lín   dà hǎi   gāo shān   shì wǒ men de jiā}
2.【 】动物们说（①森林 ②大海 ③高山）是我们的家，
^{wǒ men yào hǎo hǎo ài hù tā}
我们要好好爱护它。

41

亲子话题：保护环境（一）

姓名：_____

xià mian tú huà li　　nǎ xiē shì bǎo hù huán jìng de xíng wéi　qǐng yòng　　tú shang yán sè
下面图画里，哪些是保护环境的行为？请用✏️涂上颜色。

ná shì liàng de fān qié jiàng
拿适量的番茄酱
hé zhǐ jīn
和纸巾

ná tài duō fān qié jiàng
拿太多番茄酱
hé zhǐ jīn
和纸巾

yì biān kāi zhe shuǐ lóng tóu
一边开着水龙头，
yì biān shuā yá
一边刷牙。

shuā yá shí　　xiān guān shang
刷牙时，先关上
shuǐ lóng tóu
水龙头。

对家长说的话：
让孩子了解保护环境的重要，养成保护环境的好习惯。

第三单元 第六课 第二周 语文练习  星期一

姓名：＿＿＿＿
＿＿月＿＿日

 shēng zì xiě xie kàn
生字写写看：(Write each word five times.)

tiān	tiān						
天	天						
zǎo	zǎo						
早	早						
shēng	shēng						
生	生						

(天天天天 above tiān row)
(早早早早早早 above zǎo row)
(生生生生生 above shēng row)

 lián lian kàn
连连看：(Connect the pictures with the phrases.)

shēng rì　　　　　shēng qì　　　　　zǎo shang
生日　　　　　　生气　　　　　　早上

43

第三单元 第六课  星期二

姓名：_____
___月___日

 生字写写看：(Write each word five times.)

yě	yě						
也	也						
rì	rì						
日	日						
hóng	hóng						
红	红						
kǎ	kǎ						
卡	卡						

 填填看：(Count the strokes of the character and color the first stroke in red.)

红　共有____画，将第一画涂红色。

日　共有____画，将第一画涂红色。

第三单元
第六课

 星 期 三

姓名：_____
____月____日

  kàn tú tián tian kàn
看图填填看：(Look at the pictures and fill in the blanks.)

shēng　　rì
_____ _____

kǎ　piàn
____片

hóng　lǜ dēng
____绿灯

xīng qī　rì
星期____

měi　tiān
每____

kǎ　chē
____车

  zào jù liàn xí
造句练习：(Use the shaded words to make sentences.)

　　　　tiān tiān　　　　　　　　lì　　wǒ tiān tiān qù shàng xué
……天天……　　例：我天天去上学。

xiǎo zhōng　　　　　　zǎo qǐ
1. 小中 _____ 早起。

　　　　　　tiān tiān
2. _____ 天天 _____。

第三单元
第六课

星 期 四

姓名：_____
____月____日

chāi chai kàn zài zǔ cí
拆拆看再组词：(Separate the character into parts and fill in the blanks.)

1. 早 → ☐ + ☐ → zǎo shang _____ ___

2. 卡 → ☐ + ☐ → kǎ piàn ___ 片

3. 红 → ☐ + ☐ → hóng huā ___ 花

tián tian kàn zài lián lian kàn
填填看再连连看：(Fill in the blank and match the phrase with its English meaning.)

tiān qì
___气   maybe

shēng bìng
___病   weather

yě xǔ
___许   good morning

zǎo ān
___安   sick

46

姓名：_____

____月____日

lián lian kàn
连连看：(Match the picture with the description.)

wū yún cháng cháng lái jiāo shuǐ
乌云常常来浇水。

dòng wù men bǎ zhǒng zi mái jìn tǔ lǐ
动物们把种子埋进土里。

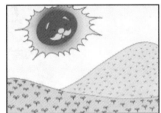

tài yáng tiān tiān bǎ yáng guāng zhào zài dì shang
太阳天天把阳光照在地上。

tián tian kàn
填填看：(Fill in the blanks.)

jīn **tiān** shì mā ma de **shēng** **rì** wǒ qǐ de **zǎo**
今____是妈妈的_____，我起得____，

mā ma **yě** qǐ de **zǎo** wǒ sòng mā ma yì zhāng **kǎ** piàn
妈妈____起得____，我送妈妈一张____片，

bà ba sòng mā ma yì duǒ **xiǎo** **hóng** huār
爸爸送妈妈一朵_____花儿。

亲子话题：保护环境（二）

姓名：_____

xià mian de lā jī yīng gāi fàng zài nǎ yí ge tǒng li qǐng zài zhōng xiě shang hào mǎ
下面的垃圾应该放在哪一个桶里，请在□中写上号码。

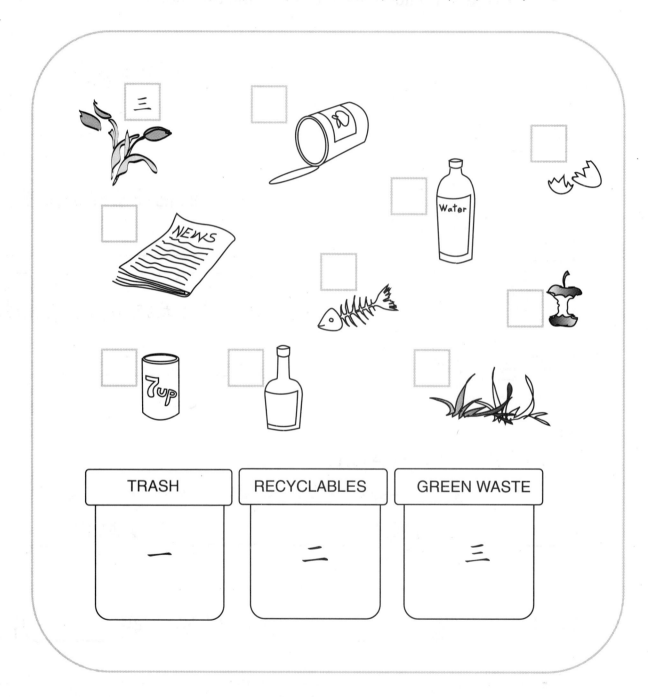

对家长说的话：
请家长教导孩子如何做好垃圾分类，让孩子了解垃圾分类的重要性。

第三单元 第三周 语文练习 星期一

姓名：_____
___月___日

写汉字：(Write characters according to given pinyin.)

- zhōng 中
- hóng
- rì
- shuǐ
- mù
- kǎ
- tǔ
- zǎo
- shēng
- lín

第三单元 复习

星期二

姓名：_____
____月____日

pīn pin kàn zài zǔ cí
拼拼看再组词：(Combine two parts into a character and fill in the blanks.)

1. 日 + 十 → ☐ → zǎo shang ____ ____

2. 上 + 下 → ☐ → kǎ piàn ____ 片

3. 木 + 木 → ☐ → sēn lín 森____

4. 纟 + 工 → ☐ → hóng huā ____ 花

jiāng xià liè gè zì de dì sì huà tú shang hóng sè
将下列各字的第四画涂上红色：(Color the fourth stroke of each character in red.)

林 早 红 卡 火 月

50

第三单元
复习

星 期 三

姓名：＿＿＿＿
＿＿月＿＿日

   kàn tú tián tian kàn
看图填填看：(Look at the pictures and fill in the blanks.)

shēng qì
＿＿气

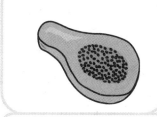
mù guā
＿＿瓜

yuè bing
＿＿饼

xīng qī rì
星期＿＿

shān dòng
＿＿洞

shù lín
树＿＿

   tián tian kàn
填填看：(Fill in the blanks.)

zhōng zhong de shēng ri shì yī yuè sān rì
1. 中中的生日是一月三日，

wǒ de shēng ri shì
我的生日是＿＿＿＿＿＿＿＿＿＿。

yì nián yǒu shí èr ge   dà yuè yǒu sān shí yī
2. 一年有十二个＿＿＿＿，大月有三十一＿＿＿＿，

xiǎo yuè yǒu sān shí
小月有三十＿＿＿＿＿。

第三单元 复习

星 期 四

姓名：＿＿＿＿
＿＿月＿＿日

  kàn tú tián tian kàn
看图填填看：(Look at the pictures and complete the paragraph.)

yǒu yì tiān **zǎo** **shang**　　　shān shang de sēn lín shī
有一天＿＿＿＿＿＿，山上的森林失

huǒ le **dà** **huǒ**　bǎ sēn lín shāo guāng le
＿＿＿了。＿＿＿＿＿＿把森林烧光了。

dòng wù men méi **yǒu** jiā le　cōng míng de wū yā
动物们没＿＿＿＿家了。聪明的乌鸦

shuō **bú** yào kū　wǒ men lái zhòng shù ba
说："＿＿＿要哭！我们来种树吧！"

xiǎo niǎo men bǎ zhǒng zi sǎ zài dì **shang**
＿＿＿鸟们把种子撒在地＿＿＿＿。

dòng wù men bǎ zhǒng zi mái jìn **tǔ** lǐ
动物们把种子埋进＿＿＿＿里。

52

第三单元 复习

星 期 五

姓名：_____
___月___日

 kàn tú tián tian kàn
看图填填看：(Look at the pictures and complete the paragraph.)

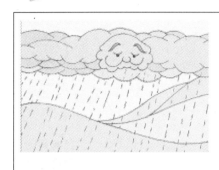

wū yún cháng cháng lái jiāo　shuǐ
乌云常 常来浇_____。

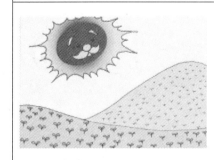

tài　yáng　　tiān　　　　tiān　　bǎ yáng guāng　zhào zài
太阳_____ _____把阳光 照在

dì　　shang
地_____。

fēng　　yě　　lái bāng máng　huā cǎo shù　mù　　dōu
风_____来帮忙，花草树_____都

shēng　zhǎng de hěn hǎo
_____长得很好。

dòng wù men shuō　　sēn　lín　　shì wǒ men de jiā　wǒ men
动物们说："森_____是我们的家，我们

yào ài　hù　tā
要爱护它。"

亲子话题：保护环境（三）

姓名：_____

下面哪些是保护环境的行为？请把☺涂上颜色。

把碗里的食物吃干净。 ☺

离开房间时，记得关灯。 ☺

把垃圾丢进垃圾桶里。 ☺

把吃过的口香糖粘在桌子下。 ☺

把不用的玩具、故事书，捐送给别人。 ☺

其他

对家长说的话：
本周是保护环境话题的总结，请家长帮助孩子写出在日常生活中环保的行为，以便在课堂上和同学分享。

第四单元 第七课 第一周 语文练习  星期一 姓名：___ ___月___日

 shēng zì xiě xie kàn
生字写写看：(Write each word five times.)

huā	huā							
花	花							

花花花花花花花

yǔ	yǔ							
雨	雨							

雨雨雨雨雨雨雨雨

yún	yún							
云	云							

云云云云

lián lian kàn
连连看：(Connect the pictures with the phrases.)

wū yún	bào mǐ huā	huā yuán
乌云	爆米花	花园

第四单元
第七课

星期二

姓名：_____

_____月_____日

 shēng zì xiě xie kàn
生字写写看：(Write each word five times.)

bái	bái					
白	白					

duō	duō					
多	多					

shǎo	shǎo					
少	少					

de	de					
的	的					

 tián tian kàn
填填看：(Count the strokes of the character and color the fourth stroke in red.)

的　　　gòng yǒu　　　huà　　jiāng dì sì huà tú hóng sè
　　　　共有_____画，将第四画涂红色。

云　　　gòng yǒu　　　huà　　jiāng dì sì huà tú hóng sè
　　　　共有_____画，将第四画涂红色。

56

第四单元 第七课  星期三　　姓名：＿＿＿＿＿　＿＿月＿＿日

 kàn tú tián tian kàn
看图填填看：(Look at the pictures and fill in the blanks.)

bái　yún
＿＿　＿＿

yǔ　sǎn
＿＿伞

xià　yǔ
＿＿　＿＿

bái　gōng
＿＿宫

mù　guā
＿＿瓜

hóng　lǜ dēng
＿＿绿灯

 jù xíng liàn xí
句型练习：(Pattern practice by filling in the blanks.)

yǒu　　yě yǒu
……有……，也有……

lì　shān shang yǒu hōng huār　yě yǒu bái huār
例：山 上 有 红花儿， 也 有 白花儿。

wǒ　　shū　　　　　　　bǐ
1. 我＿＿＿书，＿＿＿＿＿＿笔。

nǐ　　shū　　wǒ　　　　shū
2. 你＿＿＿书，我＿＿＿＿＿书。

wǒ　　péng you　nǐ　　　péng you
3. 我＿＿＿朋友，你＿＿＿＿＿朋友。

第四单元
第七课

星 期 四

姓名：＿＿＿＿

＿＿月＿＿日

xiě xie kàn nǎ ge duō nǎ ge shǎo jiāng duō de tú shang yán sè
写写看哪个多？哪个少？将多的涂上 颜色：(Which has more and which has fewer? Color the one which has more.)

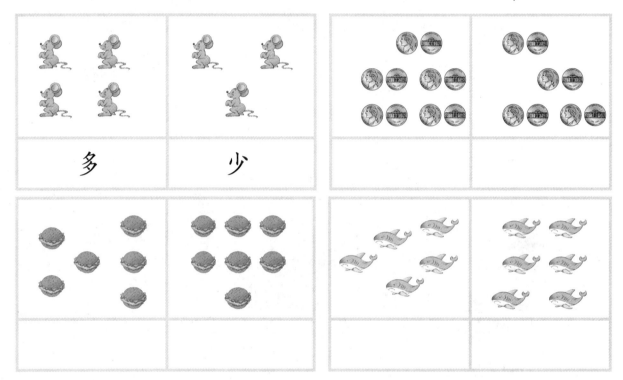

多　　　少

tián tian kàn
填填看：(Fill in the blanks.)

　　　　　qǐng wèn zhè xiē huār　　duō　　shao　qián
😊：请问这些花儿＿＿＿＿＿＿＿＿钱？

　　　　　bái　　huār　　wǔ duǒ yì yuán　　hóng　　huār
😊：＿＿＿＿＿＿儿五朵一元，＿＿＿＿＿＿儿

wǔ duǒ liǎng yuán
五朵两元。

　　　　wǔ duǒ　bái　　huār　　hé wǔ duǒ　hóng　　huār
😊：五朵＿＿＿＿＿＿儿和五朵＿＿＿＿＿＿儿，

yí gòng　duō　　shao　qián
一共＿＿＿＿＿＿钱？

58

姓名：_____

___月___日

 jiāng xià mian de tú àn zhào fā shēng de shùn xù tián shang
将下面的图按照发生的顺序填上 1、2、3、4：
(Put the pictures in order.)

 tián tian kàn
填填看：(Fill in the blanks.)

shān	shàng	de		hóng	huār

___ ___ ___ ___ ___儿

duō		bái	huār	shǎo

___，___ ___儿___。

wū	yún	lái	le		xià		yǔ	le

乌___来了，___ ___了，

yǔ		xià	zài	huā	shàng

___ ___在___ ___，

yě	xià	zài cǎo dì	shàng

___ ___在草地___。

亲子话题：乐观（一）

姓名：_____

下面图画里，哪些是乐观的行为？请用✏涂上颜色。

打不到球，
就生气了。

打不到球，没关系，
再试一次。

积木倒了，没关系，再排一次。

积木倒了，
就哭了。

对家长说的话：
请培养孩子积极乐观的态度，帮助孩子快乐地成长。

第四单元 第二周
第八课 语文练习 星期一

姓名：
　月　　日

shēng zì xiě xie kàn
生字写写看：(Write each word five times.)

shí	shí						
石	石						

zi	zi						
子	子						

zú	zú						
足	足						

lián lian kàn
连连看：(Connect the pictures with the characters.)

石

足

子

第四单元 第八课

星期二

姓名：_____

___月___日

shēng zì xiě xie kàn
生字写写看：(Write each word five times.)

míng	míng					
明	明					

shā	shā					
沙	沙					

fēng	fēng					
风	风					

wán	wán					
玩	玩					

tián tian kàn
填填看：(Count the strokes of the character and color the second stroke in red.)

风　共有 ___ 画，将第二画涂红色。

石　共有 ___ 画，将第二画涂红色。

第四单元
第八课

星 期 三

姓名：_____

___月___日

kàn tú tián tian kàn
看图填填看：(Look at the pictures and fill in the blanks.)

yǔ sǎn
___伞

shā fā
___发

zú qiú
___球

wán jù
___具

fēng zheng
___筝

huà shí
化___

pá zì tī
爬字梯：(Extend the word into phrases by adding one word each time.)

雨

雨 天

下 雨 天

沙

姓名：_____

____月____日

 chāi chāi kàn zài zǔ cí
拆拆看再组词：(Separate the character into parts and fill in the blanks.)

1. 红 → ☐ + ☐ →　hóng　huā
　　　　　　　　　____　____

2. 明 → ☐ + ☐ →　míng　tiān
　　　　　　　　　____　____

3. 沙 → ☐ + ☐ →　shā　zi
　　　　　　　　　____　____

 tián tian kàn zài lián lian kàn
填填看再连连看：(Fill in the blank and connect the phrase with its English meaning.)

wǒ　de 我____	◎　　◎	kids
hái　zi 孩____	◎　　◎	my
hǎo　wán 好____	◎　　◎	smart
cōng　míng 聪____	◎　　◎	fun

第四单元
第八课

星 期 五

姓名：＿＿＿＿
＿＿月＿＿日

tián tian kàn
填填看：(Fill in the blanks.)

下雨　玩沙子　早上　明天

1. 今天是星期四，＿＿＿＿＿＿＿是星期五。
   (jīn tiān shì xīng qī sì　　　　　shì xīng qī wǔ)

2. 乌云来了，＿＿＿＿＿＿＿了！
   (wū yún lái le　　　　le)

3. ＿＿＿＿＿＿＿我和妈妈说早安。
   (　　　　wǒ hé mā ma shuō zǎo ān)

4. 我想去海边＿＿＿＿＿＿＿。
   (wǒ xiǎng qù hǎi biān)

lián lian kàn
连连看：(Match the picture with the description.)

小小 在窗户上画了一个
小怪兽。
(xiǎo xiǎo zài chuāng hu shang huà le yí ge xiǎo guài shòu)

他们越画越高兴, 小小说:
"下雨天也很好玩儿呢！"
(tā men yuè huà yuè gāo xìng xiǎo xiǎo shuō xià yǔ tiān yě hěn hǎo wánr ne)

中中在窗户上画了一个
足球。
(zhōng zhong zài chuāng hu shang huà le yí ge zú qiú)

65

亲子话题：乐观（二）

姓名：_____

小朋友：

我的牙齿痛，

妈妈要带我去看牙医，我很害怕，

该怎么办呢？

石林 上

请你写一封信给石林，鼓励他去看牙医。

家长可代笔写下孩子的回答：

对家长说的话：
请鼓励孩子用乐观的态度去解决问题。

第四单元 复习　第三周　语文练习　星期一　姓名：　　月　日

bǎ hàn zì hé yǔ tā xiāng duì yìng de pīn yīn tú shang xiāng tóng de yán sè
把汉字和与它相对应的拼音涂上相同的颜色：
(Match the character and its pinyin with the same color.)

姓名：＿＿＿＿＿

＿＿月＿＿日

kàn tú tián tian kàn
看图填填看：(Look at the pictures and fill in the blanks.)

bái   yún
＿＿＿ ＿＿＿

huā   yuán
＿＿＿园

huà   shí
化＿＿＿

jiāng xià liè gè zì de dì sān huà tú shang hóng sè
将下列各字的第三画涂上红色：(Color the third stroke of each character in red.)

tián tian kàn
填填看：(Fill in the blanks.)

wǒ xiǎng qù gōng yuán tī　zú　　qiú　　wǒ xiǎng qù hǎi biān　wánr　　shā
我想去公园踢＿＿＿球，我想去海边＿＿＿儿＿＿＿

zi　　dà　fēng　　　dà　yǔ　　kuài zǒu kāi
＿＿＿。＿＿＿＿＿＿，＿＿＿＿＿＿，快走开，

qǐng nǐ　míng　tiān　zài lái
请你＿＿＿＿＿＿再来。

第四单元 复习  星期三　　姓名：＿＿＿＿　　月　日

 kàn tú huí dá
看图回答：(Look at the pictures and fill in the blanks.)

Tina　　Katy

1. 谁的书多？＿＿＿＿＿＿ (shéi de shū duō)
2. Tina 比 Katy ＿＿＿＿＿＿ (bǐ) （多、少）两本书。(liǎng běn shū)
3. Katy 比 Tina ＿＿＿＿＿＿ (bǐ) （多、少）两本书。(liǎng běn shū)

 xiān lián zì chéng cí　　zài xiě yí biàn
先连字成词，再写一遍：(Connect the characters to make phrases and write the phrase down in the blanks.)

大　少　大风＿＿＿＿
白　云　＿＿＿＿＿＿
多　风　＿＿＿＿＿＿

红　天　＿＿＿＿＿＿
下　花　＿＿＿＿＿＿
明　雨　＿＿＿＿＿＿

第四单元 复习

星期四

姓名：_____
_____月_____日

 看图填填看：(Look at the pictures and complete the paragraph.)

ài　　wài mian yòu shì　　**fēng**　　yòu shì　　**yǔ**
唉！外面又是_____、又是_____！

zhōng zhong hé xiǎo xiǎo bù néng chū qu　　**wánr**　　le
中中和小小不能出去_____儿了。

tā men zuò zài chuāng qián　　xiǎo xiǎo shuō　　wǒ tǎo yàn
他们坐在窗前，小小说："我讨厌
xià　　yǔ　　tiān　　bù　　hǎo wánr
_____ _____ _____，_____好玩儿！"

bù jiǔ　　chuāng hu bù mǎn　　**shuǐ**　　qì　　zhōng zhong yòng shǒu
不久，窗户布满_____汽，中中用手
Zhǐ huà le yí ge　　**zú**　　qiú
指画了一个_____球。

xiǎo xiǎo yòng shǒu zhǐ huà le yí ge　　**xiǎo**　　guài shòu zhàn zài
小小用手指画了一个_____怪兽站在
yì duī　　**shā**　　zi　　shang
一堆_____ _____ _____。

第四单元 复习

 星期五

姓名：_____

___月___日

✏️ kàn tú tián tian kàn
看图填填看：(Look at the pictures and complete the paragraph.)

xiǎo xiǎo hé zhōng zhong yòu huà le yì duǒ **bái** **yún**
小小和中中又画了一朵____ ____，

xǔ duō **huā** hé yì xiē xiǎo **shí** **zǐr**
许多____花和一些小____ ____儿。

tā men yuè huà yuè gāo xìng xiǎo xiǎo shuō xià **yǔ**
他们越画越高兴，小小说："下____

tiān **yě** hěn hǎo **wánr** ne
天____很好____儿呢！"

yǔ tíng le **tiān** **shang** **de** cǎi
雨停了！____ ____ ____彩

hóng chū lai le tā men shuō à zhēn hǎo kàn
虹出来了，他们说："啊！真好看！"

tā men zài cǎo dì shang **wánr** shuǐ xiǎo xiǎo shuō zhēn
他们在草地上____儿水，小小说："真

hǎo wánr **míng** **tiān** hái huì xià yǔ ma
好玩儿，____ ____还会下雨吗？"

亲子话题：乐观（三）　　姓名：

下面哪些是乐观行为？请把☺涂上颜色。

学骑脚踏车（自行车），跌倒了，不灰心，再试一次。

自己的球队比赛输了，为赢的球队拍手。

钢琴弹得不好，不灰心，再弹一次。

举手想回答问题，老师没叫你，没关系，还有下一次。

其他

对家长说的话：
本周是乐观话题的总结，请写出孩子做的一件体现乐观行为的事情，以便在课堂上和同学分享。

第五单元 第九课 第一周 语文练习  星期一 姓名： 月 日

 shēng zì xiě xie kàn
生字写写看：(Write each word five times.)

wǒ	wǒ						
我	我						
shì	shì						
是	是						
mǐ	mǐ						
米	米						
méi	méi						
没	没						

kàn tú tián tian kàn
看图填填看：(Look at the pictures and fill in the blanks)

méi yǒu
____ ____

wǒ men
____ 们

bái mǐ
____ ____

73

第五单元
第九课

星 期 二

姓名：_____

____月____日

shēng zì xiě xie kàn
生字写写看：(Write each word five times.)

rén	rén					
人	人					

tián	tián					
田	田					

lái	lái					
来	来					

lián lian kàn
连连看：(Match the picture with the correct phrase.)

dà rén　　　　qǐ lái　　　　zhòng tián
大人　　　　起来　　　　种田

74

第五单元
第九课

星期三

姓名：_____

___月___日

tián tian kàn
填填看：(Fill in the blanks.)

1. 动物们_____ _____家了。
   dòng wù men　méi　　yǒu　　jiā le

2. _____ _____好孩子。
   wǒ　shì　hǎo hái zi

3. 我喜欢吃_____ _____。
   wǒ xǐ huan chī　yù　mǐ

4. 明天_____妈妈的_____ _____。
   míng tiān　shì　mā ma de　shēng　rì

5. 农_____天天在_____里工作。
   nóng　rén　tiān tiān zài　tián　li gōng zuò

6. 你为什么_____ _____ _____家_____儿?
   nǐ wèi shén me　bù　lái　wǒ　jiā　wánr

jiāng xià liè gè zì de dì èr huà tú shang hóng sè
将下列各字的第二画涂上 红色：
(Color the second stroke of each character in red.)

来 没 是 我 高 杂

第五单元
第九课

星 期 四

姓名：＿＿＿＿＿
＿＿＿月＿＿＿日

填填看：(Fill in the blanks.)

wǒ　　shì　　yí lì　　xiǎo　　bái　　mǐ
＿＿＿＿＿＿一粒＿＿＿＿＿＿＿＿，

méi　　yǒu　　shén me liǎo bù qǐ　　kě　　shì
＿＿＿＿＿什么了不起，可＿＿＿一

nóng rén　zhòng tián　hěn xīn kǔ　　mǐ　fàn dé　lái　bù róng
农＿＿种＿＿很辛苦，＿＿饭得＿＿不容

yì　xiǎo péng you　qǐng zhēn xī　hǎo hāor chī fàn　bú yào shèng fàn lì
易。小朋友，请珍惜！好好儿吃饭，不要剩饭粒。

填填看：(Fill in the blanks with correct words.)

有　　是

wǒ　　　xué sheng
1. 我＿＿＿＿学生。

wǒ　　shí ge shǒu zhǐ tou
2. 我＿＿＿＿十个手指头。

nǐ jīn tiān　　gōng kè ma
3. 你今天＿＿＿＿功课吗？

tā　　wǒ de hǎo péng you
4. 他＿＿＿＿我的好朋友。

第五单元 第九课  星期五

姓名：＿＿＿＿＿
＿＿月＿＿日

 lián lian kàn
连连看：(Connect two characters with a line to make a word or a phrase.)

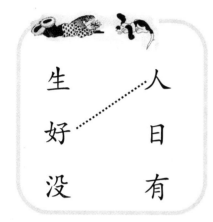
生　　人
好　　日
没　　有

不　　来
huí 回　　田
zhòng 种　　要 yào

yù 玉　　来
我　　是
qǐ 起　　米

 àn zhào gù shi shū li dān yuán　jiǎng gù shi　huí dá wèn tí
按照故事书里单元"讲故事"回答问题：(Answer the questions according to the section of "Telling a Story" in the story book.)

hóng jī mā ma bǎ zhǒng zi zhòng zài nǎ li
1.【　　】红鸡妈妈把种子种在哪里？
shuǐ li　　tián li　　shān li
（①水里　②田里　③山里）。

hóng jī mā ma qǐng shéi lái bāng máng
2.【　　】红鸡妈妈请谁来帮忙？
dà bái é hé xiǎo huā māo　xiǎo gǒu
（①大白鹅和小花猫　②小狗）。

rú guǒ hóng jī mā ma hé xiǎo jī bù gōng zuò　tā men huì yǒu fàn chī ma
3.【　　】如果红鸡妈妈和小鸡不工作，他们会有饭吃吗？
huì　　bú huì
（①会　②不会）。

亲子话题：帮忙（一）　　姓名：＿＿＿＿

下面哪个人在帮助别人？请把他（她）用 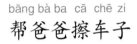 涂上颜色。

帮爸爸擦车子

帮开门

帮别人过马路

帮受伤的同学

对家长说的话：
请教导和鼓励孩子，在日常生活中帮助别人。

第五单元 第十课 语文练习  星期一

姓名：＿＿＿＿＿
＿＿月＿＿日

 shēng zì xiě xie kàn
生字写写看：(Write each word five times.)

xīng	xīng					
星	星					
zài	zài					
在	在					
dù	dù					
肚	肚					
qù	qù					
去	去					

 kàn tú tián tian kàn
看图填填看：(Look at the pictures and fill in the blanks)

xīng xing

＿＿ ＿＿

huí qù

回 ＿＿

dù zi

＿＿ ＿＿

79

第五单元 第十课　星期二　姓名：_____　月　日

 shēng zì xiě xie kàn
生字写写看：(Write each word five times.)

zuò	zuò					
坐坐坐坐坐坐坐						
坐	坐					

hé	hé					
和和和和和和和和						
和	和					

ròu	ròu					
肉肉肉肉肉肉						
肉	肉					

 pīn pin kàn
拼拼看：(Follow the example given to fill in the blanks.)

1. 一 ＋ 白 → 一/白 → 百 (bǎi)

2. 日 ＋ 生 → □ → □

3. 月 ＋ 土 → □ → □

 请把拼音和与它相对应的汉字涂上相同的颜色：
(Match the character and its pinyin with the same color.)

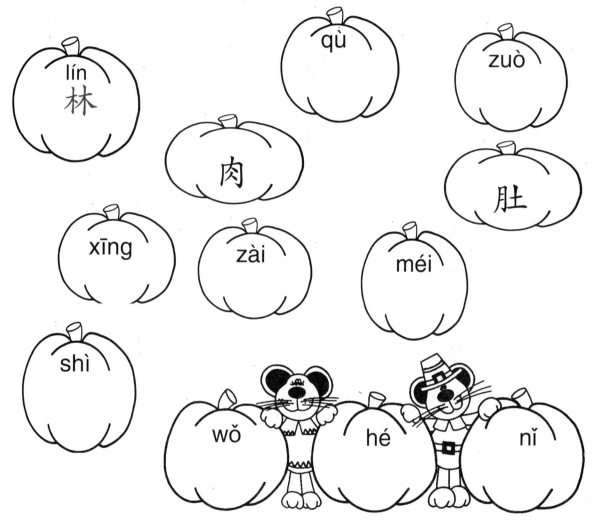

 将下列各字的第二画涂上红色：
(Color the second stroke of each character in red.)

米 肉 四 人 肚 坐

第五单元
第十课

星 期 四

姓名：＿＿＿＿＿

月　　日

tián tian kàn
填填看：(Fill in the blanks.)

xīng　　qī　　yī　　　hóu zi　zài　　jiā chuān xīn yī
＿＿＿期＿＿＿，猴子＿＿＿家穿新衣。

xīng　　qī　　èr　　　hóu zi jiào zhe　dù　　zi　　è
＿＿＿期＿＿＿，猴子叫着＿＿＿＿＿饿。

xīng　　qī　　sān　　hóu zi yì qǐ　qù　pá shān
＿＿＿期＿＿＿，猴子一起＿＿＿爬＿＿＿。

xīng　　qī　　sì　　　hóu zi　zuò　zhe kàn diàn shì
＿＿＿期＿＿＿，猴子＿＿＿着看电视。

xīng　　qī　　wǔ　　hóu zi chàng gē　yòu　tiào wǔ
＿＿＿期＿＿＿，猴子唱歌＿＿＿跳舞。

xīng　　qī　　liù　　hóu zi shēng　huǒ　lái　kǎo ròu
＿＿＿期＿＿＿，猴子生＿＿＿＿＿烤＿＿＿。

xīng　　qī　　rì　　　hóu zi　pāi shǒu guò　shēng　rì
＿＿＿期＿＿＿，猴子拍手过＿＿＿＿＿。

lián lian kàn
连连看：(Connect two characters with a line to make a word or a phrase.)

82

第五单元
第十课

星 期 五

姓名：_____

_____月_____日

tián tian kàn
填填看：(Fill in the blanks.)

1. 天上有很多_____ _____。
   (tiān shàng yǒu hěn duō xīng xing)

2. 我的_____ _____好痛呀！
   (wǒ de dù zi hǎo tòng ya)

3. _____ _____ _____是好朋友。
   (wǒ hé nǐ shì hǎo péng you)

4. 妈妈_____ _____家。
   (mā ma bú zài jiā)

5. 老师说："大家请_____ _____！"
   (lǎo shī shuō dà jiā qǐng zuò xià)

6. 小小怎么_____ _____上学呢？
   (xiǎo xiǎo zěn me méi lái shàng xué ne)

lián lian kàn
连连看：(Match the picture with the description.)

红鸡妈妈和小鸡在田里工作。
(hóng jī mā ma hé xiǎo jī zài tián li gōng zuò)

大白鹅说："不！我们要去玩儿。"
(dà bái é shuō bù wǒ men yào qù wánr)

红鸡妈妈说："没有来帮忙 怎么好意思来吃呢？"
(hóng jī mā ma shuō méi yǒu lái bāng máng zěn me hǎo yì si lái chī ne)

亲子话题：帮忙（二）

姓名：_____

_{zài xué xiào li   nǐ zěn yàng bāng zhù xīn tóng xué}
在学校里，你怎样帮助新同学？

请家长帮忙写下孩子的回答：

对家长说的话：
在日常生活中，请鼓励孩子适度地关怀和帮助别人。

第五单元 第三周 语文练习  星期一

姓名：_____
___月___日

 àn zhào shēng diào tú shang yán sè
按照声调涂上颜色：(Color the characters according to the following instruction.)

一声(shēng)：green 　　 二声(shēng)：yellow

三声(shēng)：orange 　　 四声(shēng)：red

85

第五单元 复习 — 星期二

姓名：_____
___月___日

填填看： (Fill in the blanks.)

和　在

1. xīng qī tiān　　dà jiā　　　　　　cǎo dì shang wánr
星期天，大家_____草地上玩儿。

2. tiān shang yǒu xīng xing　　yuè liang
天上有星星_____月亮。

3. nǐ　　　　zuò shén me
你_____做什么？

4. xiǎo huā māo　　　　dà bái é tiān tiān wánr
小花猫_____大白鹅天天玩儿。

没来　不去

5. míng tiān wǒ　　　　gōng yuán wánr le
明天我_____公园玩儿了。

6. tā shēng bìng le suǒ yǐ　　　　　　shàng xué
他生病了，所以_____上学。

不是　没有

7. wǒ　　　　dà rén
我_____大人。

8. shū bāo li　　　　hóng bǐ
书包里_____红笔。

第五单元
复习

星期三

姓名：

月　　日

qǐng yòng xià mian de zì zǔ cí
请用下面的字组词：(Make phrases by using the following characters.)

大　没　口　在　水　是　坐　不
有　下　人

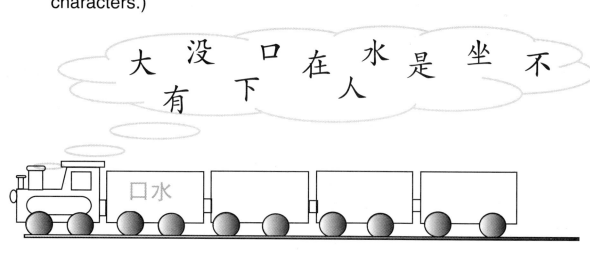

口水

fǎn yì cí
反义词：(Fill in the blanks with the antonyms.)

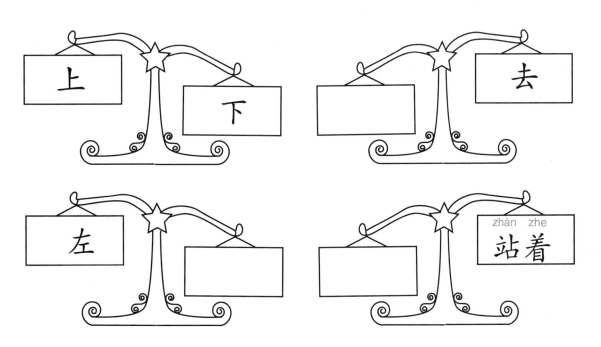

上　—　下

去　—　

左　—　

zhàn zhe
站着　—

第五单元
复习

星 期 四

姓名：＿＿＿＿
＿＿月＿＿日

kàn tú tián tian kàn
看图填填看：(Look at the pictures and complete the paragraph.)

xīng qī tiān dà jiā zài **tiān** **biān** shang wánr
星期天，大家在＿＿＿＿ ＿＿＿＿ 上 玩儿。

tā men **kàn** **jiàn** dì shang yǒu yì duī zhǒng zi
他们＿＿＿＿＿＿＿＿地上 有 一堆 种子。

hóng jī mā ma shuō zhè shì dào mǐ wǒ men lái bǎ tā
＿＿＿鸡妈妈说："这是稻米，我们来把它

zhòng **zài** **tián** li dà jiā jiù **yǒu** fàn chī le
种＿＿＿＿＿里，大家就＿＿＿饭吃了。"

dà **bái** é shuō bù **wǒ** **hé** xiǎo **huā** māo
大＿＿鹅说："不！＿＿＿＿＿小＿＿猫

yào qù wánr
要 ＿＿＿ ＿＿＿儿。"

hóng jī mā ma **hé** xiǎo jī **tiān** **tiān**
＿＿＿鸡妈妈＿＿＿小鸡，＿＿＿＿＿＿

zài **tián** li nǔ **lì** **gōng** zuò
＿＿＿＿＿＿里努＿＿＿＿＿作。

第五单元 复习

 星期五

姓名：_____
___月___日

  kàn tú tián tian kàn
看图填填看：(Look at the pictures and complete the paragraph.)

guò le **sì** ge yuè　tā men shōu le xǔ **duō**
过了_____个月，他们收了许_____

dào **mǐ**
稻_____。

hóng jī mā ma zhǔ le yí **dà** guō xiāng pēn pēn de fàn
红鸡妈妈煮了一_____锅香喷喷的饭。

xiǎo **huā** māo shuō　wǒ me de **dù** **zi** **yě**
小_____猫说："我们的_____ _____

è le kě yǐ **zuò** **xia** **lai** chī ma
饿了，可以_____ _____吃吗？"

kě **shì** nǐ men **méi** **yǒu** **lái** bāng
"可_____你们_____ _____ _____帮，

máng zěn me **hǎo** yì si **lái** chī ne
忙，怎么_____意思_____吃呢？"

亲子话题：帮忙（三）

姓名：

下面哪些是帮助别人的行为？请把 👍 涂上颜色。

帮爸爸妈妈把汽车上的东西拿下来。 👍

把蜡笔、橡皮擦借给同学。 👍

放学前帮老师整理教室。 👍

帮爸爸妈妈倒垃圾。 👍

帮爸爸妈妈叠衣服。 👍

其他 👍

对家长说的话：
本周是帮忙话题的总结，请帮助孩子写出几件帮助别人的事情，以便在课堂上和同学分享。

第六单元 第一周 第十一课 语文练习 星期一

姓名：_____ _____月_____日

shēng zì xiě xie kàn
生字写写看：(Write each word five times.)

lián lian kàn
连连看：(Match the word with its meaning.)

舌　　牙　　目　　耳　　口

| zuǐ 嘴 ba 巴 | shé 舌 tou 头 | yǎn 眼 jing 睛 | yá 牙 chǐ 齿 | ěr 耳 duo 朵 |

姓名：

月　　日

 shēng zì　xiě xie kàn
生字写写看：(Write each word five times.)

xīn	xīn						
心	心						
hǎo	hǎo						
好	好						
zhèng	zhèng						
正	正						

 xiǎomíng de liǎn shang shǎo le shén me　qǐng bāng tā huà shang
小明的脸上少了什么？请帮他画上：

(Draw the missing parts on the face of Xiao-Ming.)

92

 第六单元 第十一课

 星 期 三

姓名：_____
____月____日

kàn tú tián zì
看图填字：(Look at the picture and fill in the blanks with the correct words.)

（牙、耳、目、心、舌、正）

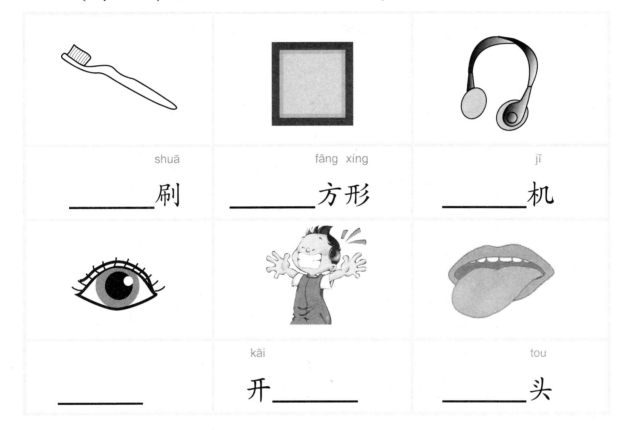

| shuā | fāng xíng | jī |
| ____刷 | ____方形 | ____机 |

| | kāi | tou |
| ____ | 开____ | ____头 |

tián tian kàn
填填看：(Count the strokes of the character and color the third stroke in red.)

gòng yǒu   huà   jiāng dì sān huà tú hóng sè
共有____画，将第三画涂红色。

gòng yǒu   huà   jiāng dì sān huà tú hóng sè
共有____画，将第三画涂红色。

第六单元
第十一课

星期四

姓名：_____

___月___日

✏️ tián tian kàn
填填看：(Fill in the blanks.)

xiǎo　xiǎo　yǎn jing　kàn dōng kàn xī
____ ____ 眼睛，看东看西。

xiǎo　xiǎo　shé tou　tiǎn lái tiǎn qù
____ ____ ____ 头，舔____舔____。

xiǎo　xiǎo　bí zi　wén wén xiāng qì
____ ____ 鼻____，闻闻香气。

xiǎo　xiǎo　ěr duo　tīng tīng shēng yīn
____ ____ ____ 朵，听听声音。

xiǎo　xiǎo　yá chǐ　ài yǎo dōng xi
____ ____ ____ 齿，爱咬东西。

xiǎo　xiǎo　shuāng shǒu　xiě xiě huà huà
____ ____ 双手，写写画画。

 tián tian kàn
填填看：(Fill in the blanks with the correct phrases.)

　　　　wǒ shì　　　　　xué sheng　tiān tiān dōu zǎo qǐ
1. 我是_____学生，天天都早起。（好、正在）

　　　dì di　　　　　　wánr wán jù
2. 弟弟_____玩儿玩具。（好、正在）

　　　wǒ　　　　　chī fàn　bù néng chū qù wánr
3. 我_____吃饭，不能出去玩儿。（好、正在）

　　　gē ge de lì qi　　　　　dà
4. 哥哥的力气_____大。（好、正在）

姓名：＿＿＿＿＿＿

＿＿月＿＿日

 xiě xie kàn 写写看： (Fill in the blanks.)

- shàng 上
- mù
- ěr
- zhèng
- yá
- shé
- hǎo
- xīn

 àn zhào gù shi shū li dān yuán "jiǎng gù shi" huí dá wèn tí 按照故事书里单元"讲故事"回答问题：(Answer the questions according to the section of "Telling a Story" in the story book.)

1. 【　】 shé tou shuō shéi zuì méi yǒu yòng, yào tā bān jiā 舌头说谁最没有用，要他搬家？
   （① ěr duo 耳朵　② méi mao 眉毛　③ zuǐ ba 嘴巴）。

2. 【　】 méi mao kě yǐ bǎo hù shéi 眉毛可以保护谁？
   （① bí zi 鼻子　② yá chǐ 牙齿　③ yǎn jing 眼睛）

3. 【　】 méi mao zuì hòu bān dào shén me dì fang le 眉毛最后搬到什么地方了？
   （① zuǐ ba de xià mian 嘴巴的下面　② yǎn jing de shàng mian 眼睛的上面）。

亲子话题：说谢谢（一）

姓名：_____

下面图画里，谁应该说谢谢？请把他（她）涂上颜色。

接受朋友的礼物

妈妈倒牛奶给孩子喝

妈妈照顾生病的孩子

老师发奖品给学生

对家长说的话：
请提醒孩子，养成说谢谢的习惯。

第六单元 第十二课 语文练习 第二周 星期一

姓名：_____ ___月___日

生字写写看（shēng zì xiě xie kàn）：(Write each word five times.)

xuě	雪
dì	地
nǐ	你
kàn	看

看图填填看（kàn tú tián tian kàn）：(Look at the pictures and fill in the blanks.)

xuě rén
____ ____

dì qiú
___ 球

kàn shū
___ 书

第六单元
第十二课

星期二

姓名：_____
_____月_____日

 shēng zì xiě xie kàn
生字写写看：(Write each word five times.)

zhú	zhú					
竹	竹					

竹竹竹竹竹竹

jiàn	jiàn					
见	见					

丨冂见见

tā	tā					
他	他					

他他他他他

lián lian kàn
连连看：(Draw a line to match the picture with the correct phrase.)

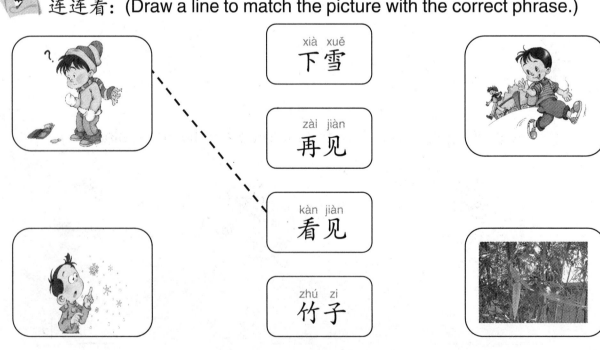

98

第六单元
第十二课

星 期 三

姓名：＿＿＿＿＿
＿＿月＿＿日

 qǐng bǎ pīn yīn hé yǔ tā xiāng duì yìng de hàn zì tú shang xiāng tóng de yán sè
请把拼音和与它相对应的汉字涂上 相 同的颜色：
(Match the character and its pinyin with the same color.)

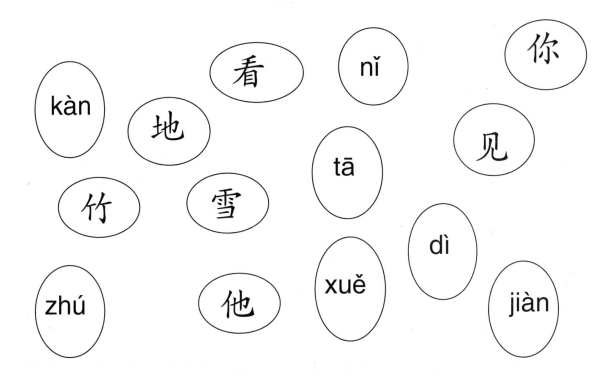

 zào jù liàn xí
造句练习：(Use the shaded words to make sentences.)

　　　　bú jiàn le　　　lì　　xuě rén zěn me bú jiàn le
……不见了　例：雪人怎么不见了？

　　wǒ de shū bāo
1. 我的书包＿＿＿＿＿＿＿＿＿＿＿＿＿。

2. ＿＿＿＿＿＿＿＿＿＿＿不见了 。

第六单元
第十二课

星期四

姓名：＿＿＿＿
＿＿月＿＿日

tián tian kàn
填填看：(Fill in the blanks.)

    xiǎo gǒu   hé xiǎo jī zài xuě dì shang zǒu

1. 小狗＿＿＿小鸡＿＿＿ ＿＿＿ ＿＿＿走。

   xiǎo jī shuō   nǐ kàn   wǒ huì huà zhú yè

2. 小鸡说："＿＿＿ ＿＿＿，＿＿＿会画＿＿＿叶。"

   xuě rén zěn me bú jiàn le

3. ＿＿＿ ＿＿＿怎么＿＿＿ ＿＿＿了？

lián lian kàn
连连看：(Draw a line to match the picture with the correct phrase.)

姓名：＿＿＿＿

＿＿月＿＿日

pīn pin kàn
拼拼看：(Follow the example given to fill in the blanks.)

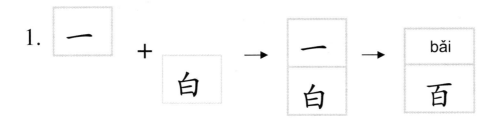

1. 一 ＋ 白 → 一/白 → bǎi 百

2. 人 ＋ 也 → ☐☐ → ☐☐

3. 土 ＋ 也 → ☐☐ → ☐☐

lián lian kàn
连连看：(Match the picture and the description.)

méi mao shuō　 wǒ lái bǎo hù nǐ
眉毛说：我来保护你！
méi mao yòu bān huí yuán lái de dì fang le
眉毛又搬回原来的地方了。

yǎn jing dà jiào　 hǎo tòng　 wǒ kàn
眼睛大叫："好痛！我看
bú jiàn le
不见了！"

méi mao bān dào yǎn jing xià mian　 yǎn jing
眉毛搬到眼睛下面，眼睛
dà jiào　 bù hǎo kàn　 bān jiā
大叫："不好看！搬家！"

亲子话题：说谢谢（二）

姓名：

请画一张感谢卡，送给你要感谢的人。

对家长说的话：
请家长多鼓励孩子时常表达谢意。

第六单元 复习　第三周 语文练习  星期一　姓名：_____
月　　日

 zhǎo yi zhǎo yǒu nǎ xiē cí　xiān quān qi lai zài xiě xia lai
找一找 有哪些词，先 圈 起来再写下来：(Circle the phrases and write them down in the blanks.)

1. __我的__　　2. _____　　3. _____

4. _____　　5. _____　　6. _____

第六单元 复习  星期二

姓名：＿＿＿＿
＿＿月＿＿日

 kàn tú xiě zì
看图写字：(Look at the pictures and fill in the blanks.)

shuā	jǔ	jī
＿＿刷	举＿＿	＿＿机

duō yún	xià yǔ	xià xuě
＿＿ ＿＿	＿＿ ＿＿	＿＿ ＿＿

tián tian kàn
填填看：(Fill in the blanks with the correct phrases.)

> 不好　　好多

āi ya　　　　　　　le　sēn lín shī huǒ le
1. 哎呀！＿＿＿＿＿＿＿了！森林失火了！

tiān shàng yǒu　　　　xīng xing
2. 天上有＿＿＿＿＿＿星星。

第六单元 复习

姓 名：_____

星 期 三

___月___日

✏️ **填入适当的词语：** (Fill in the blanks with the correct words or phrases.)

小心　　不见　　看见　　正好　　好看

1. 走路时要_____小心_____马路上的车子。

2. 啊！小小_____掉在自己的床上。

3. 我_____你的小花猫了。

4. 弟弟的玩具_____了。

5. 你画的卡片真_____。

✏️ **看图连字：** (Connect the pictures with the words.)

风　　　雨　　　云　　　雪

第六单元 复习 星期四

  kàn tú tián tian kàn
看图填填看：(Look at the pictures and complete the paragraph.)

yǒu　yì tiān　yǎn jing　ěr　duo　bí zi
_____一天，眼睛、_____朵、鼻子、

zuǐ ba　shé　tou　yá　chǐ　hé shuāng shǒu zài tán tiānr
嘴巴、_____头、_____齿和双手在谈天儿。

shé tou shuō　méi mao zuì　méi　yǒu yòng　tā wèi shén me
舌头说："眉毛最_____有用，他为什么

zhù zài wǒ men de shàng mian　méi mao　nǐ　bān jiā
住在我们的上面？眉毛，_____搬家！"

méi mao bān dào yǎn jing　xià　mian　yǎn jing　dà　jiào
眉毛搬到眼睛_____面，眼睛_____叫：

bù　hǎo　kàn　bān jiā　bān jiā
"_____ _____ _____！搬家！搬家！"

méi mao bān dào ěr duo　xià　mian　ěr duo　dà　jiào
眉毛搬到耳朵_____面，耳朵_____叫：

bù　hǎo　kàn　bān jiā　bān jiā
"_____ _____ _____！搬家！搬家！"

106

第六单元 复习

星期五

姓名：_____
_____月_____日

kàn tú tián tián kàn
看图填填看：(Look at the pictures and complete the paragraph.)

méi mao bān dào bí zi xià mian bí zi dà jiào
眉毛搬到鼻子____面，鼻子____叫：

bù hǎo kàn   bān jiā bān jiā
"____ ____ ____！搬家！搬家！"

méi mao bān dào zuǐ ba xià mian zuǐ ba dà jiào
眉毛搬到嘴巴____面，嘴巴____叫：

bù hǎo kàn   bān jiā bān jiā
"____ ____ ____！搬家！搬家！"

hàn shuǐ zhèng hǎo liú jìn yǎn jing li yǎn jing dà
汗水____ ____流进眼睛里，眼睛____

jiào hǎo tòng wǒ kàn bu jiàn le
叫："____痛！我____不____了！"

hǎo xīn de méi mao shuō wǒ lái bǎo hù nǐ
____ ____的眉毛说："我____保护你！"

méi mao yòu bān huí yuán lái de dì fang le
眉毛又搬回原____的____方了。

107

亲子话题：说谢谢（三）　　姓名：

下面哪些时候要说谢谢？请把 👍 涂上颜色。

朋友的妈妈倒果汁给你喝。 👍

东西掉到地上，别人帮你捡起来。 👍

校车司机送你上下学。 👍

到朋友家玩儿，离开时向朋友的爸爸妈妈道别。 👍

同学把点心拿来和你分享。 👍

其他

对家长说的话：
本周是说谢谢话题的总结，请帮助孩子写出其他说谢谢的礼貌行为，以便在课堂上和同学分享。

第七单元 第一周
第十三课 语文练习 星期一

姓名：
月　日

生字写写看：(Write each word five times.)

xiào	xiào								
笑	笑								

chàng	chàng								
唱	唱								

zǒu	zǒu								
走	走								

le	le								
了	了								

填填看：(Count the strokes of the character and color the third stroke in red.)

笑　共有　　画，将第三画涂红色。

唱　共有　　画，将第三画涂红色。

第七单元
第十三课

星 期 二

姓名：_____

___月___日

 shēng zì xiě xie kàn
生字写写看：(Write each word five times.)

bā	bā								
巴	巴								
jiào	jiào								
叫	叫								
kū	kū								
哭	哭								

 lián lian kàn
连连看：(Match the pictures with the correct phrases.)

wěi ba　　　　　　dà jiào　　　　　　kū le
尾巴　　　　　　　大叫　　　　　　　哭了

110

第七单元
第十三课

星期三

姓名：

月　日

 kàn pīn yīn xiě hàn zì
看拼音写汉字：(Write characters.)

- kàn 看
- kū
- jiào
- ba
- jiàn
- chàng
- xiào
- zǒu
- le

 pá zì tī
爬字梯：(Make the phrases longer by adding characters.)

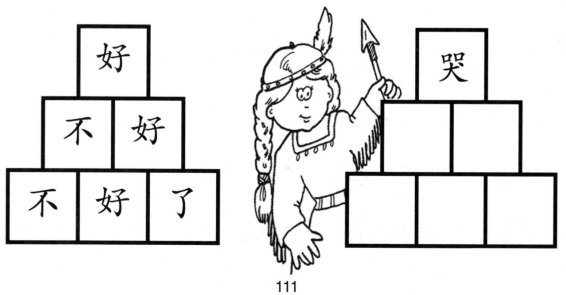

第七单元 第十三课

星期四

姓名：_____
___月___日

tián tian kàn
填填看： (Fill in the blanks.)

　　　　　　nǐ　　yě　　lái　　le
我 来 了，_____。

　　　　　　nǐ　　yě　　kàn　　wǒ
我 看 你，_____。

　　　　　nǐ　　yě　　xiào
我 笑_____，

　　　　nǐ　　yě　　chàng
我 唱_____。

wǒ　　zǒu　　le
_____，

nǐ　　yě　　bú　　jiàn　　le
_____。

tián tian kàn
填填看： (Fill in the blanks with correct words or phrases.)

1. 你___nǐ___ 什么名字？（叫、唱）
   　　　　shén me míng zi

2. 妹妹会___huì___儿歌。（叫、唱）
   mèi mei　　　　ér gē

3. 小小的手拿不出来，他急得大哭大___。（叫、唱）
   xiǎo xiǎo de shǒu ná bu chū lai　tā jí de dà kū dà

第七单元
第十三课

星 期 五

姓名：_____
___月___日

lián lian kàn
连连看：(Connect two characters with a line to make a word or a phrase.)

生　　哭
不　　日
唱　　歌
（gē）

zuǐ
嘴　　了
大　　叫
来　　巴
（ba）

zài　　　lù
再　　路
走　　正
立　　见
（lì）

àn zhào gù shi shū li dān yuán　jiǎng gù shi　huí dá wèn tí
按照故事书里单元"讲故事"回答问题：(Answer the questions according to the section of "Telling a Story" in the story book.)

xiǎo xiǎo pá dào zhuō shang xiǎng ná shén me
1.【　】小小爬到桌上想拿什么？
huā shēng mǐ　　lǐ zi
（①花生米　②李子）。

wèi shén me xiǎo xiǎo de shǒu ná bu chū lai le
2.【　】为什么小小的手拿不出来了？
tā de shǒu tài dà　　tā zhuā le yí dà bǎ huā shēng mǐ
（①他的手太大　②他抓了一大把花生米）。

xiǎo xiǎo zěn me bǎ shǒu ná chū lai de
3.【　】小小怎么把手拿出来的？
shǎo ná yì diǎnr　　bù ná　　huā shēng mǐ
（①少拿一点儿　②不拿）花生米。

亲子话题：安全（一）

姓名：_____

xià mian tú huà li　 nǎ xiē shì ān quán de xíng wéi　 qǐng yòng　 tú shang yán sè
下面图画里，哪些是安全的行为？请用✏涂上颜色。

戴安全帽 (dài ān quán mào)

不戴安全帽 (bú dài ān quán mào)

绑安全带 (bǎng ān quán dài)

不绑安全带 (bù bǎng ān quán dài)

对家长说的话：
请培养孩子注意安全的习惯。

第七单元 第十四课 第二周 语文练习

星期一

姓名：＿＿＿＿＿

月　　日

 shēng zì xiě xie kàn
生字写写看：(Write each word five times.)

bǐ	bǐ						
比	比						
lǐ	lǐ						
李	李						
cǎo	cǎo						
草	草						
dāo	dāo						
刀	刀						

 kàn tú tián tian kàn
看图填填看：(Look at the pictures and fill in the blanks)

dāo　zi　　　　cǎo　dì　　　　lǐ　zi

＿＿＿＿＿　　＿＿＿＿＿　　＿＿＿＿＿

第七单元
第十四课

星 期 二

姓名：_____

____月____日

shēng zì xiě xie kàn
生字写写看：(Write each word five times.)

xiàng 象	xiàng 象								
ya 呀	ya 呀								
wèi 位	wèi 位								

pīn pin kàn
拼拼看：(Follow the example given to fill in the blanks.)

1. 一 + 白 → 一/白 → bǎi / 百

2. 木 + 子 → ☐ → ☐

3. 口 + 牙 → ☐ → ☐

116

第七单元
第十四课

星期三

姓名：

月　日

 bǎ hàn zì hé yǔ tā xiāng duì yìng de pīn yīn tú shang xiāng tóng de yán sè
把汉字和与它相对应的拼音涂上相同的颜色：
(Match the character and its pinyin with the same color.)

第七单元
第十四课

星 期 四

姓名：_____

___月___日

tián tian kàn
填填看：(Fill in the blanks.)

   zhuō zi shang yǒu hěn duō lǐ zi

1. 桌子上有很多____ ____。

  wǒ men lái bǐ yi bǐ kàn shéi de lì qi dà

2. 我们来____ ____ ____看谁的力气大！

  cǎo dì shang yǒu hěn duō hóng huār

3. ____ ____ ____有很多红花儿。

  dà xiàng de bí zi cháng

4. ____ ____的鼻子长。

  lǎo shī shuō ná jiǎn dāo de shí hou yào xiǎo xīn

5. 老师说："拿剪____的时候，要____ ____！"

liàng cí lián lian kàn
量词连连看：(Connect the measuring words and the pictures.)

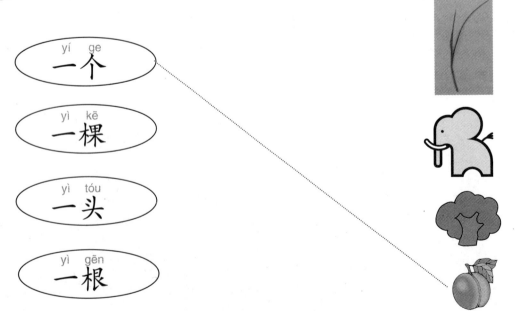

yí ge
一个

yì kē
一棵

yì tóu
一头

yì gēn
一根

118

第七单元
第十四课

星 期 五

姓名：＿＿＿＿＿＿

＿＿＿月＿＿＿日

chóng zǔ
重组：(Put the words in order and rewrite them.)

1. ＊山上的　白花儿　红花儿　比　多。

　＊＿＿＿＿＿＿＿＿＿＿＿＿＿＿＿＿＿＿＿＿

2. ＊我走了，　也　你　不见了。

　＊＿＿＿＿＿＿＿＿＿＿＿＿＿＿＿＿＿＿＿＿

lián lián kàn
连连看：(Match the picture with the description.)

xiǎo xiǎo bǎ shǒu shēn jìn píng zi li　zhuā
小小把手伸进瓶子里，抓
le　yí　dà bǎ huā shēng mǐ
了一大把花生米。

mā ma shuō　　　shǎo ná yì diǎnr huā
妈妈说："少拿一点儿花
shēng mǐ　　shì shì kan
生米，试试看！"

xiǎo xiǎo kāi xīn de xiào le　　tā chī
小小开心地笑了，他吃
dào le huā shēng mǐ
到了花生米。

亲子话题：安全（二）

姓名：_____

下面图画里，哪些是不安全的行为？请圈出来。

请家长帮忙写下孩子的回答：

对家长说的话：
请家长和孩子讨论，如何避免上图中危险情况的发生。

第七单元 第三周
复习　语文练习

星期一

姓名：
月　日

 qǐng àn zhào shēng diào tú yán sè
请 按照 声 调涂颜色：
(Color each character according to its tone.)

一 声^{shēng}：red　　二 声^{shēng}：green

三 声^{shēng}：blue　　四 声^{shēng}：yellow

 tián tian kàn
填填看：(Fill in the blanks.)

yí　wèi　lǎo shī
____ ____ 老师

yì　lán　lǐ　zi
____ 篮 ____ ____

121

第七单元 复习

星 期 二

姓名：＿＿＿＿＿＿

＿＿＿月＿＿＿日

 lián lian kàn
连连看：(Join the picture with the correct sentence.)

yì kē dà shù　　yì gēn cǎo
一棵大树，一根草。

yì tóu dà xiàng　　yì zhī māo
一头大象，一只猫。

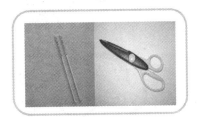

yì shuāng kuài zi　　yì bǎ jiǎn dāo
一双 筷子，一把剪刀。

tián tian kàn
填填看：(Fill in the blanks.)

| 比　也　了 |

tā pǎo de　　　　　wǒ kuài
1. 他跑得＿＿＿＿＿我快。

mèi mei bù kū
2. 妹妹不哭＿＿＿＿＿。

tā yǒu yì zhī gǒu　　wǒ　　　　yǒu yì zhī gǒu
3. 他有一只狗，我＿＿＿＿＿有一只狗。

第七单元
复习

星 期 三

姓名：_____

____月____日

 tián rù shì dàng de cí yǔ
填入适当的词语：(Fill in the blanks with the correct words.)

1. 我的红笔不_____了。
   wǒ de hóng bǐ bú   le

2. 大家都爱听_____话。
   dà jiā dōu ài tīng   hua

3. 大家好！我_____林小中。
   dà jiā hǎo   wǒ   lín xiǎo zhōng

4. 妹妹_____歌很好听。
   mèi mei   gē hěn hǎo tīng

5. 妈妈回来了，小弟弟就不_____了。
   mā ma huí lai le   xiǎo dì di jiù bù   le

 kàn tú tián tian kàn
看图填填看：(Look at the pictures and fill in the blanks)

dà   jiào
___ ___

chàng gē
___ 歌

wēi   xiào
微 ___

123

第七单元 复习  星期四

姓名：_____

____月____日

 kàn tú tián tián kàn
看图填填看：(Look at the pictures and complete the paragraph.)

yǒu yì tiān　xiǎo xiǎo　**kàn**　　**jian**　zhuō zi shang
有一天，小小_____　_____桌子上
yǒu　　yí dà píng　huā　　shēng　　mǐ
_____一大瓶_____　_____　_____。

xiǎo xiǎo zuǐ ba li de　**kǒu**　　**shuǐ**　dōu kuài liú chu
小小嘴巴里的_____　_____都快流出
lai　　le　　tā　　pá　**shang**　le zhuō zi
_____了，_____爬_____了桌子。

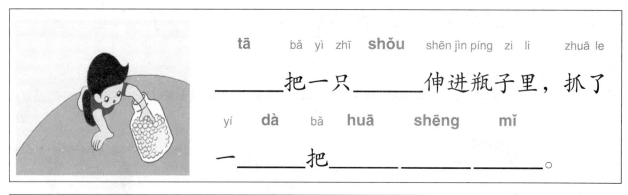

tā　bǎ yì zhī　**shǒu**　shēn jìn píng zi li　zhuā le
_____把一只_____伸进瓶子里，抓了
yí　　dà　　bǎ　　huā　　shēng　　mǐ
一_____把_____　_____　_____。

āi　**ya**　xiǎo xiǎo　**de**　shǒu ná bu chū　lai
哎_____！小小_____手拿不出_____
le　　tā jí de dà　　**kū**　dà　**jiào**
_____！他急得大_____大_____。

124

第七单元 复习　　星期五　　姓名：_____　　___月___日

 kàn tú tián tián kàn
看图填填看：(Look at the pictures and complete the paragraph.)

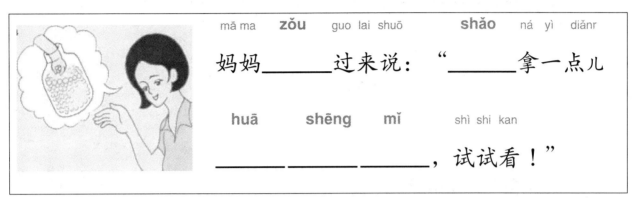

妈妈__zǒu__过来说："__shǎo__拿一点儿__huā shēng mǐ__，试试看！"

小小的__shǒu__拿出来了，__huā shēng__
__mǐ__也拿出__lai le__。

小小开__xīn__地__xiào__了，__tā__吃到了花生米，__yě míng bai__了一件事儿。

小朋友！想想__kàn__！__tā míng__
__bai__了什么？

125

亲子话题：安全（三）　　姓名：_____

下面哪些是安全的行为？请把 🎖 涂上颜色。

- 笔尖、剪刀尖不对着别人。 🎖

- 不站在购物车上。 🎖

- 不在马路边玩儿球。 🎖

- 做游戏的时候不推人。 🎖

- 走路时不吃棒棒糖。 🎖

- 其他

对家长说的话：
本周是安全话题的总结，请帮助孩子写出仍需要注意的安全事项，以便在课堂上与同学讨论。

第八单元 第一周  姓名：_____

第十五课 语文练习 星期一 ____月____日

✏️ shēng zì xiě xie kàn
生字写写看：(Write each word five times.)

nán	nán								
男	男								
nǔ	nǔ								
女	女								
xiào	xiào								
校	校								

 tián tian kàn zài lián lian kàn
填填看再连连看：(Fill in the blanks and connect the picture with the phrase.)

nǔ　hái r　　　　nán　hái r　　　　xué　xiào
____孩儿　　　　____孩儿　　　　学____

127

第八单元
第十五课

 星期二

姓名：
月　日

shēng zì xiě xie kàn
生字写写看：(Write each word five times.)

zhī	zhī						
只	只						
jiāo	jiāo						
交	交						
péng	péng						
朋	朋						
yǒu	yǒu						
友	友						

pá zì tī
爬字梯：(Extend the word into phrases by adding one word each time.)

第八单元
第十五课

星 期 三

姓名：＿＿＿＿＿

＿＿＿月＿＿＿日

  liàng cí tián tian kàn
量词填填看： (Fill in the blanks with measure words.)

一＿＿＿＿＿小狗和

一＿＿＿＿＿小鸡

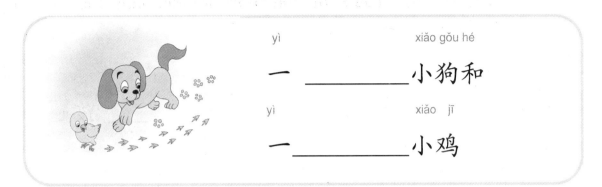

一＿＿＿＿＿老师

tián rù zhèng què de zì
填入正确的字： (Fill in the blank with the correct word.)

1. 学＿＿＿＿里有许多同学。（笑、校）

2. 小嘴巴，＿＿＿＿一＿＿＿＿像朵花儿。（笑、校）

3. 中中是我的好朋＿＿＿＿。（有、友）

4. 山上＿＿＿＿红花儿，也＿＿＿＿白花儿。（有、友）

129

第八单元
第十五课

星 期 四

姓名：_____
____月____日

chāi chai kàn zài zǔ cí
拆拆看再组词：(Separate the character into parts and fill in the blanks.)

1. 男 → ☐ + ☐ →   nán   háir
                  _____ 孩儿

2. 朋 → ☐ + ☐ →   péng   you
                  _____ _____

3. 校 → ☐ + ☐ →   xué   xiào
                  学_____

chóng zǔ
重组：(Put the words or phrases in order.)

1. *他   好朋友。   我的   也是

   *_____

2. *你   朋友？   有没有

   *_____

第八单元
第十五课

星 期 五

姓名：_____

_____月_____日

  　àn zhào gù shi shū li dān yuán　jiǎng gù shi　huí dá wèn tí
　　按照故事书里单元"讲故事"回答问题：(Answer the questions according to the section of "Telling a Story" in the story book.)

　　　　　　xiǎo xiǎo yǎng le yì zhī　　māo　　　gǒu
1. 【　】小小养了一只(①猫　②狗)。

　　　　　　xiǎo xiǎo wàng le　　péi xiǎo gǒu wán　　wèi xiǎo gǒu
2. 【　】小小忘了(①陪小狗玩 ②喂小狗)。

　　　　　　xiǎo xiǎo duì xiǎo gǒu shuō　　　wǒ zài yě　　bù gēn nǐ wánr le
3. 【　】小小对小狗说："我再也(①不跟你玩儿了
　　　　　bú huì wàng jì nǐ de zǎo fàn le
　　　　②不会忘记你的早饭了)"。

　　tián tian kàn
　　　　填填看：(Fill in the blanks.)

zài xué　　xiào　　li　　wǒ　　jiāo　dào xǔ duō　péng　you
在学____里，我____到许多_____，

yǒu de　péng　you　shì　nán　hái r　　yǒu　de
有的_____是____孩儿，_____

péng　you　shì　nǚ　hái r
_____是____孩儿。

亲子话题：爱护动物（一）　　姓名：_____

下面图画里，哪些是爱护动物的行为？请用涂上颜色。

拉小动物的尾巴。

好好地爱护小动物。

每天记得喂小狗。

不理小狗肚子饿了。

对家长说的话：
请让孩子了解对小动物也应该给予尊重和爱心。

第八单元 第二周
第十六课 语文练习 星期一
姓名：
月　　日

shēng zì xiě xie kàn
生字写写看：(Write each word five times.)

yán	yán						
言	言						
lì	lì						
立	立						
hé	hé						
禾	禾						
jiāng	jiāng						
江	江						

qǐng xiě chū yǒu xià liè bù shǒu de zì
请写出有下列部首的字：(Write the words in their radical groups.)

shuǐ bù
水部
_____
_____

没　他
你　沙
江　位

rén bù
人部
_____
_____

133

第八单元
第十六课

星期二

姓名：＿＿＿＿＿

＿＿月＿＿日

shēng zì xiě xie kàn
生字写写看：(Write each word five times.)

xìng 姓	乡夕女女妒姓姓姓
zhè 这	亠亠文文这这这
nà 那	刁刀月月那那那
nǎ 哪	哪口叨叨叨叨哪哪哪

tián tian kàn
填填看：(Count the strokes of the character and color the fourth stroke in red.)

这　　gòng yǒu　　　huà　jiāng dì　sì huà tú hóng sè
　　　共有＿＿＿画，将第四画涂红色。

那　　gòng yǒu　　　huà　jiāng dì　sì huà tú hóng sè
　　　共有＿＿＿画，将第四画涂红色。

第八单元
第十六课

星期三

姓名：＿＿＿＿
＿＿月＿＿日

chāi chāi kàn zài zǔ cí
拆拆看再组词：(Separate the character into parts and fill in the blanks.)

1. 江 → ☐ + ☐ →　　cháng　jiāng
　　　　　　　　　　　长＿＿＿＿

2. 姓 → ☐ + ☐ →　　xìng　míng
　　　　　　　　　　　＿＿＿名

3. 位 → ☐ + ☐ →　　zuò　wèi
　　　　　　　　　　　座＿＿＿＿

xìng shén me　jiào shén me
姓什么？叫什么？：(What is the last name of each person)?

言立明

　　　　wǒ jiào　　　　　　　　　　wǒ xìng
我叫＿言立明＿＿，我姓＿言＿。

江禾中

　　　　wǒ　jiào　　　　　　　　　　wǒ xìng
我叫＿＿＿＿＿＿，我姓＿＿＿＿。

　　xiǎo péng you　　nǐ xìng shén me　jiào shén me
* 小朋友，你姓什么？叫什么？

　　wǒ jiào　　　　　　　　　　wǒ xìng
我叫＿＿＿＿＿＿，我姓＿＿＿＿。

第八单元
第十六课

星 期 四

姓名：＿＿＿＿＿
　　月　　日

 kàn tú tián tian kàn
看图填填看：(Look at the pictures and fill in the blanks.)

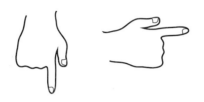

* ＿＿ 这 ＿＿ 是 ＿＿ 。

* ＿＿ 那 ＿＿ 是 ＿＿ 。

* ＿＿ ＿＿ ＿＿ 。

* ＿＿ ＿＿ ＿＿ 。

* ＿＿ ＿＿ ＿＿ 。

* ＿＿ ＿＿ ＿＿ 。

 tián rù zhèng què de zì
填入正确的字：(Fill in the blank with the correct word.)

　　wǒ de shū zài　　　　lǐ
：我的书在（　　　）里？　（哪、那）

　　　　nǐ de shū zài　　　　lǐ
：你的书在（　　　）里。　（哪、那）

　　　　xiǎo hóng huār zài　　　lǐ
：小红花儿在（　　　）里？　（哪、那）

　　　　xiǎo hóng huār zài　　　lǐ
：小红花儿在（　　　）里。　（哪、那）

第八单元
第十六课

星期五

姓名：
　　月　　　日

tián tian kàn
填填看：(Fill in the blanks.)

yī èr sān sì wǔ liù qī　　wǒ　　de　　péng　　you　　zài
一二三四五六七，＿＿＿＿ ＿＿＿＿ ＿＿＿＿ ＿＿＿＿在

nǎ　lǐ　zài　zhè　lǐ　zài　zhè　lǐ
＿＿＿里？在＿＿＿里，在＿＿＿里，

wǒ　　de　　péng　　you　　zài　　zhè　　lǐ
＿＿＿＿ ＿＿＿＿ ＿＿＿＿在＿＿＿里。

lián lian kàn
连连看：(Match the picture with the description.)

xiǎo xiǎo shuō　　màn mānr chī　wǒ yǐ
小小说："慢慢儿吃！我以
hòu huì jì dé tiān tiān wèi nǐ
后会记得天天喂你。"

xiǎo xiǎo cóng xué xiào huí jiā　lì kè ná diǎn
小小从学校回家，立刻拿点
xīn chī　xiǎo gǒu è de wāng wāng jiào
心吃，小狗饿得汪汪叫。

xiǎo xiǎo qǐ lái wǎn le　tā lái bu jí wèi
小小起来晚了，他来不及喂
xiǎo gǒu jiù shàng xué le
小狗就上学了。

亲子话题：爱护动物（二）

姓名：_____

下面哪位是小猫的好主人呢？请你把他（她）涂上颜色。

请家长帮忙写下孩子的回答：

对家长说的话：
请让孩子了解养宠物应有的责任。

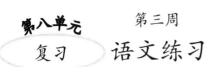

bǎ hàn zì hé yǔ tā xiāng duì yìng de pīn yīn tú shang xiāng tóng de yán sè
把汉字和与它相对应的拼音涂上相同的颜色：
(Match the character and its pinyin with the same color.)

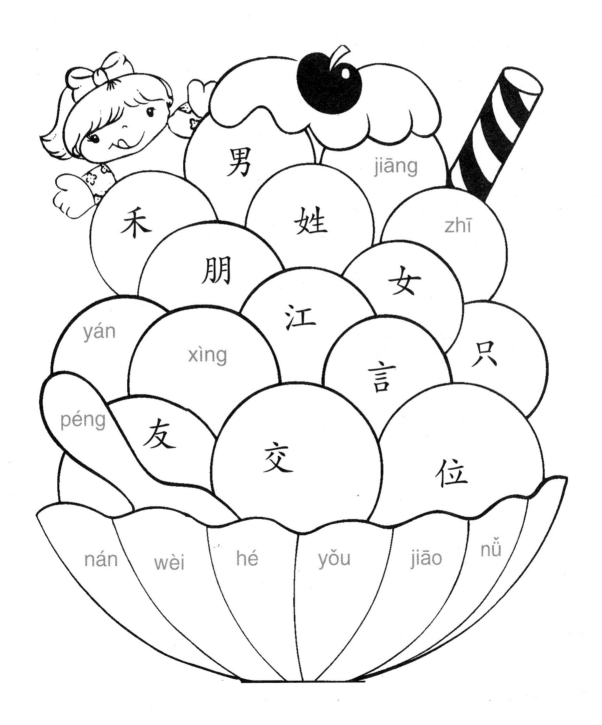

 第八单元 复习

 星期二

姓名：_____

月　　日

 kàn tú tián tian kàn
看图填填看：(Look at the pictures and fill in the blanks.)

nǔ　hái r
_____孩儿

nán　hái r
_____孩儿

xué　**xiào**
学_____

 tián rù zhèng què de zì
填入正确的字：(Fill in the blank with the correct word.)

　　　　xiǎo míng zuò　　　　chē　qù shàng xué
1. 小明坐_____车去上学。（笑、校）

　　　wǒ xǐ huan tīng lǎo shī shuō　　　　hua
2. 我喜欢听老师说_____话。（笑、校）

　　　zhōng zhong jiāo dào xǔ duō hǎo péng
3. 中中交到许多好朋_____。（有、友）

　　　shān shang　　　hóng huār　yě　　　bái huār
4. 山上_____红花儿，也_____白花儿。（有、友）

　　　mā ma　nǐ zài　　　lǐ ne
5. 妈妈！你在_____里呢？（那、哪）

　　　　　shì wǒ de
6. _____是我的。（那、哪）

　　　lǎo shī shuō　　zhèng zhàn hǎo
7. 老师说_____正站好。（力、立）

第八单元
复习

星 期 三

姓名：＿＿＿＿＿

＿＿月＿＿日

pīn pin kàn zài zǔ cí
拼拼看再组词：(Combine two parts into a character and fill in the blanks.)

1. 女 + 生 → ☐ → xìng míng
　＿＿＿名

2. 木 + 交 → ☐ → xiào chē
　＿＿＿车

3. 人 + 立 → ☐ → zuò wèi
　座＿＿＿

4. 口 + 那 → ☐ → nǎ lǐ
　＿＿＿里

chóng zǔ
重组：(Put the words or phrases in order.)

1. ＊那位　　言立明。　　是

＊＿＿＿＿＿＿＿＿＿＿＿＿＿＿＿＿＿＿＿＿

2. ＊我有　　朋友。　　你　　朋友，　　也有

＊＿＿＿＿＿＿＿＿＿＿＿＿＿＿＿＿＿＿＿＿

第八单元 复习

星期四

姓名：_____

___月___日

 kàn tú tián tian kàn
看图填填看：(Look at the pictures and complete the paragraph.)

xiǎo xiǎo wèn　　mā ma　zhè　zhī　xiǎo gǒu　shì
小小问："妈妈，这___小狗___

nǎ　lǐ　lái　de
___里___的？"

mā ma shuō　　zhè　shì bà ba de péng
妈妈说："___是爸爸的___

you　yán shū shu sòng gěi wǒ men de
___言叔叔送给我们的。"

xiǎo xiǎo shuō　　lái　　wǒ men　jiāo ge péng
小小说："___！我们___个朋

you　wǒ huì tiān tiān wèi　nǐ　chī　zǎo　fàn
友，我会天天喂___吃___饭。"

yǒu yì tiān　zǎo　shang　xiǎo xiǎo qǐ lái wǎn le
有一天___　___，小小起来晚了，

tā　lái　bu jí wèi xiǎo gǒu　jiù shàng xué le
他___不及喂小狗，就上学了。

 第八单元 复习

 星期五

姓名：_____
___月___日

 kàn tú tián tian kàn
看图填填看：(Look at the pictures and complete the paragraph.)

小小从学校回家，____刻打开冰箱拿点____吃，小狗饿得汪汪叫。

小小说："哎____！我忘了喂____，对____起！让你饿了一天！"

小小说："别急！慢慢儿吃！____以后会记得_____喂____。"

小狗想："____吗？如果____再忘____，____我怎么办呢？"

亲子话题：爱护动物（三）　　姓名：

下面哪些是爱护动物的行为？请把☺涂上颜色。

照顾受伤的小鸟。 ☺

带小狗散步。 ☺

替小乌龟换水。 ☺

替小猫梳毛。 ☺

到动物园不乱拿食物给动物吃。 ☺

其他

对家长说的话：
本周是爱护动物话题的总结，请和孩子讨论，还有哪些方法可以保护动物，以便在课堂上和同学分享。

第一~二单元 总复习

 星 期 一

姓名：＿＿＿＿＿

＿＿月＿＿日

  tián tian kàn
填填看：(Count the strokes of the character and color the first stroke in red.)

 共＿＿ 画＿＿ （gòng　huà）

 共＿＿ 画＿＿ （gòng　huà）

 共＿＿ 画＿＿ （gòng　huà）

 共＿＿ 画＿＿ （gòng　huà）

  kàn tú tián tian kàn
看图填填看：(Look at the pictures and fill in the blanks.)

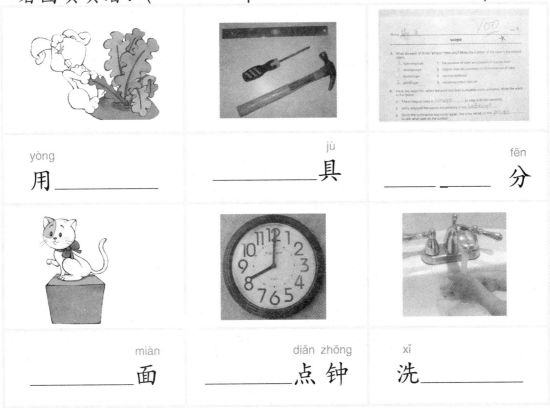

用＿＿＿ (yòng)　　＿＿＿具 (jù)　　＿＿＿分 (fēn)

＿＿＿面 (miàn)　　＿＿＿点钟 (diǎn zhōng)　　洗＿＿＿ (xǐ)

第一～二单元
总复习

星期二

姓名：
月　日

lián lian kàn
连连看：(Match the character with its English meaning.)

five　　nine　　seven　　four　　six

九　　七　　五　　六　　四

kàn zì tú yán sè
看字涂颜色：(Color each word according to the following instruction.)

six---red　　　seven---green　　　eight---blue
nine---yellow　　ten---orange　　hundred---pink

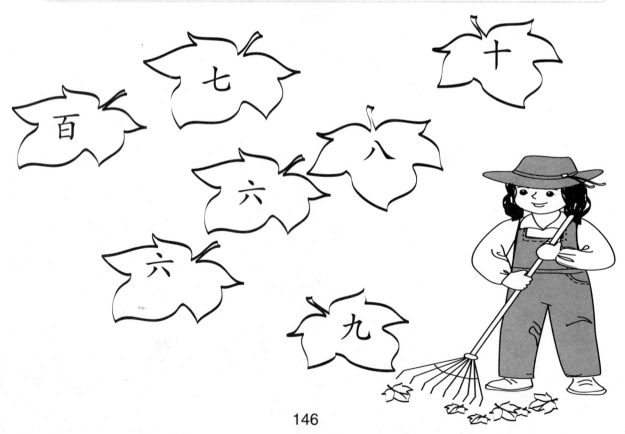

146

姓名：_____

_____ 月 _____ 日

 xiě xie kàn
写写看：(Fill in the blanks.)

méi	yǒu
没	

gōng	zuò
	作

zuǒ	shǒu

yòu	shǒu

bù	kāi	kǒu
	开	

 qǐng bǎ hàn zì hé yǔ tā xiāng duì yìng de pīn yīn tú shang xiāng tóng de yán sè
请把汉字和与它相对应的拼音涂上相同的颜色：
(Match the character and its pinyin with the same color.)

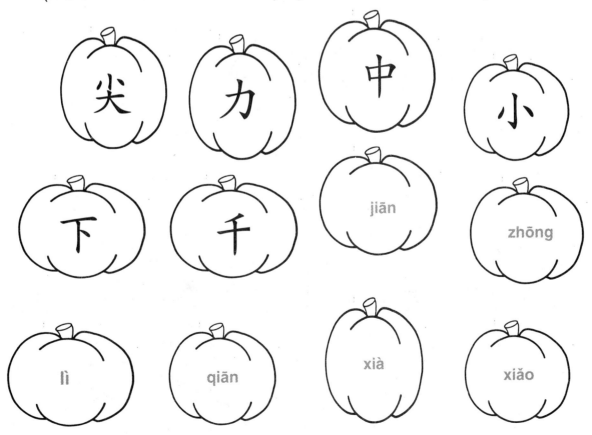

总复习  星期四

姓名：_____
___月___日

àn zhào shēng diào tú shang yán sè
按照声调涂上颜色：(Color the characters according to the following instruction.)

| shēng 一声：green | shēng 二声：yellow |
| shēng 三声：orange | shēng 四声：red |

148

总复习 第一～二单元

星期五

姓名：_____
____月____日

tián rù hào mǎ
填入号码：(Match the phrases with the correct pictures.)

一 mù guā 木瓜	二 xiāng jiāo 香蕉	三 fān qié 番茄	四 lǐ zi 李子	五 píng guǒ 苹果
六 xìng zi 杏子	七 táo zi 桃子	八 jú zi 桔子	九 lí 梨	十 pú táo 葡萄

（十） 　（　） 　（　） 　（　）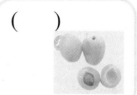

（　） 　（　） 　（　） 　（　）

（　） 　（　）

tián tian kàn
填填看：(Fill in the blanks.)

shàng xué　　**bú** yào　　**zhōng** wén

____学、____要、____文、

dà jiā　　xǐ **shǒu**　　**lì** qì

____家、洗____、____气、

gōng rén　　**yǒu** yòng　　hěn **jiān**

____人、____用、很____。

第三~四单元 总复习

 星期一

姓名：_____

____月____日

 xiě hàn zì
写汉字： (Write characters for each pinyin.)

- fēng
- wán
- de
- kǎ
- shēng
- zú
- tiān
- bái
- yě
- míng
- yún
- hóng
- huā

总复习 第三~四单元

 星期二

姓名：_____

____月____日

 lián lian kàn zài xiě xie kàn
连连看再写写看：(Connect the pictures with the characters and fill in the blanks.)

| 子 |
| |
| |
| |
| |
| |

第三~四单元
总复习

星期三

姓名：_____

___月___日

xiān lián zì chéng cí　　zài xiě yí biàn
先连字成词，再写一遍：(Connect the characters to make phrases and write the phrase down in the blanks.)

大　日　**大风**

火　山　_____

生　风　_____

早　天　_____

下　上　_____

明　雨　_____

kàn tú tián tian kàn
看图填填看：(Look at the pictures and complete the paragraph.)

　　　　　yǔ tíng le　　**tiān**　　**shang**　　**de**　　cǎi
　　　　　雨停了！_____ _____ _____彩
　　　　　hóng chū lai le　　tā men shuō　　à　　zhēn hǎo kàn
　　　　　虹出来了，他们说："啊！真好看！"

　　　　　tā men zài cǎo dì shang　**wánr**　shuǐ　xiǎo xiǎo shuō　zhēn
　　　　　他们在草地上_____儿水，小小说："真
　　　　　hǎo wánr　　**míng**　　**tiān**　　hái huì xià yǔ ma
　　　　　好玩儿，_____ _____还会下雨吗？"

152

第三~四单元
总复习

星 期 四

姓名：_____
____月____日

看图填填看：(Look at the pictures and fill in the blanks.)

shēng qì
____气

bái yún
____ ____

qì shuǐ
汽____

bái gōng
____宫

mù tou
____头

hóng lǜ dēng
____绿灯

填填看：(Fill in the blanks according to the pictures given.)

1. jīn tiān shì mā ma de
   今天是妈妈的_____，
   wǒ sòng tā yì zhāng kǎ piàn
   我送她一张卡片。

2. wū yún lái le ____ le
   乌云来了，_____了！

3. wǒ xiǎng qù hǎi biān
   我想去海边_____。

第三~四单元
总复习

姓名：_____

____月____日

 tián tian kàn zài lián lian kàn
填填看再连连看：(Fill in the blank and connect the phrase with its English meaning.)

yě shì
_____是

měi tiān
每_____

sēn lín
森_____

everyday

forest

also

 kàn tú tián tian kàn
看图填填看：(Look at the pictures and complete the paragraph.)

yǒu yì tiān　zǎo　shang　　shān shàng de sēn lín shī
有一天_____ _____，山上的森林失

huǒ　le　　dà　　huǒ bǎ sēn lín shāo guāng le
_____了。_____火把森林烧光了。

fēng　yě　lái bāng máng　huā cǎo shù　mù　dōu
风_____来帮忙，花草树_____都

shēng　zhǎng de hěn hǎo
_____长得很好。

154

第五~六单元 总复习

星期一

姓名：_____
月　　日

 找一找 有哪些词，先圈起来，再写下来：(Circle the phrases and put them in the blanks.)

口	水	人	小	目	风
左	工	大	米	白	力
中	我	心	好	在	生
你	的	他	正	早	日
左	手	下	是	也	刀
卡	右	雪	人	肚	子

1. 口水

2. _____

3. _____

4. _____

5. _____   6. _____

7. _____   8. _____

姓名：_____

____月____日

kàn tú xiě zì
看图写字：(Look at the pictures and fill in the blanks.)

zuò　　xià
____　____

niú　　ròu
牛____

yù　　mǐ
玉____

pīn pin kàn　　zài tián tian kàn
拼拼看，再填填看：(Put characters together and fill in the blanks.)

1. 口 + 那 → 哪 → ____里 （nǎ lǐ）

2. ☐ + ☐ → 肚 → ____ ____ （dù zi）

3. ☐ + ☐ → 好 → ____ ____ （hǎo xīn）

4. ☐ + ☐ → 地 → ____ ____ （cǎo dì）

156

星 期 三

tián rù shì dàng de cí yǔ
填入适当的词语：(Fill in the blanks with the correct words.)

来　　　是　　　见　　　在

qǐng wèn yǒu rén　　　jiā ma
1. 请问有人_____家吗？

wǒ hé nǐ　　　hǎo péng you
2. 我和你_____好朋友。

xuě rén zěn me bú　　　le
3. 雪人怎么不_____了？

nǐ yào　　　wǒ jiā wánr ma
4. 你要_____我家玩儿吗？

tián tian kàn
填填看：(Fill in the blanks.)

kǒu　　shuō　　hǎo　　huà
_____说_____话，

shǒu　　zuò　　hǎo　　shì
_____做_____事，

xīn　　xiǎng　　hǎo　　niàn tou
_____想_____念头，

jiǎo zǒu　　zhèng　　lù
脚走_____路。

第五~六单元 总复习　星期四　姓名：　月　日

 kàn tú tián tian kàn
看图填填看：(Look at the pictures and fill in the blanks.)

| shé | | kǒu |
| ěr |
| mù | | ěr |
| yá | | zú |

xiě xie kàn
写写看：(Fill in the blanks.)

wǒ　hé　tā

___　___　___

nǐ　hǎo

___　___

第五~六单元
总复习

星期五

姓名：_____
____月____日

tián tian kàn
填填看：(Fill in the blanks with the correct phrases.)

······有······也······   ······是······也是······

wǒ　　　　yǎn jing　　　　　　　bí zi
1. 我_____眼睛_____鼻子。

nǐ　　　wǒ de péng you　　tā　　　　wǒ de péng you
2. 你_____我的朋友，他_____我的朋友。

chóng zǔ
重组：(Use these words and phrases to make a sentence.)

＊明天　我的　是　生日。

＊ _____

＊地上　雪人　的　不见了。

＊ _____

第七~八单元 总复习

星期一

姓名：＿＿＿＿
＿＿月＿＿日

 cí yǔ xiě xie kàn
词语写写看： (Write characters according to the given pinyin.)

- péng you ＿＿ ＿＿
- lì zhèng ＿＿ ＿＿
- xiàng yá ＿＿ ＿＿
- lǐ zi ＿＿ ＿＿
- cǎo dì ＿＿ ＿＿
- dāo zi ＿＿ ＿＿
- jiāo péng you ＿＿ ＿＿ ＿＿

星 期 二

姓名：＿＿＿＿＿

＿＿月　＿＿日

✏️ xiě xie kàn
写写看： (Fill in the blanks.)

言立明

1. 我姓＿＿＿（wǒ xìng），叫＿＿＿＿＿＿＿（jiào），
   我是＿＿＿（wǒ shì）孩儿（hái r）。（男、女）

江禾中

2. 我姓＿＿＿（wǒ xìng），叫＿＿＿＿＿＿＿（jiào），
   我是＿＿＿（wǒ shì）孩儿（hái r）。（男、女）

林友友

3. 我姓＿＿＿（wǒ xìng），叫＿＿＿＿＿＿＿（jiào），
   我是＿＿＿（wǒ shì）孩儿（hái r）。（男、女）

 kàn tú huí dá
看图回答： (Look at the pictures and answer the questions.)

Tony　　Jame

1. 谁的苹果多？＿＿＿＿＿＿＿（shéi de píng guǒ duō）

2. Tony＿＿＿＿＿James 多三个苹果。（duō sān ge píng guǒ）

3. James＿＿＿＿＿Tony 少三个苹果。（shǎo sān ge píng guǒ）

第七~八单元
总复习

星期三

姓名：_____

月　　日

xiān lián zì chéng cí　　zài xiě yí biàn
先连字成词，再写一遍：(Connect the characters to make phrases and write the phrases down in the blanks.)

大风 _____

大　　子 _____
李　　友 _____
朋　　风 _____

象　　是 _____
立　　牙 _____
这　　正 _____

kàn tú tián tian kàn
看图填填看：(Look at the pictures and complete the paragraph.)

āi　　ya　　　　xiǎo xiǎo de shǒu ná bu chū　　lai
哎_____！小小的手拿不出_____

le　　tā jí de dà　　kū　　dà　　jiào
了！他急得大_____大_____。

xiǎo xiǎo kāi xīn de　　xiào　　le　　tā chī dào le huā
小小开心地_____了，他吃到了花

shēng mǐ　　yě　　míng　　bai　　le yí jiàn shìr
生米，也_____　_____了一件事儿。

162

第七~八单元
总复习

星 期 四

姓名：_____
_____月_____日

jiǎn tǐ fán tǐ lián lian kàn
简体繁体连连看：(Match the characters with the simplified version and the traditional version.)

红　　　　　雲
云　　　　　見
风　　　　　來
来　　　　　這
见　　　　　風
这　　　　　紅

Kàn tú tián tian kàn
看图填填看：(Look at the pictures and fill in the blank.)

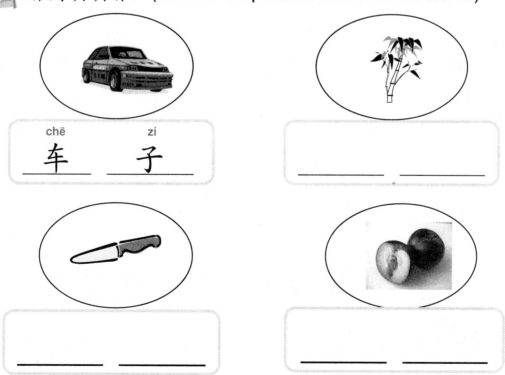

chē　zi
车　子

星期五

liàng cí lián lian kàn
量词连连看：(Match the measure word with the picture.)

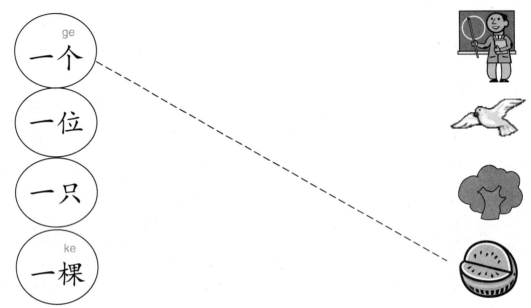

- 一个 (ge)
- 一位
- 一只
- 一棵 (ke)

kàn tú tián tian kàn
看图填填看：(Look at the pictures and complete the paragraph.)

小小说："_____（lái）！我们_____（jiāo）个朋友，我会天天喂_____（nǐ）吃_____（zǎo）饭。"
(xiǎo xiǎo shuō / wǒ men / ge péng you / wǒ huì tiān tiān wèi / chī / fàn)

小狗想："_____（shì）吗？如果_____（nǐ）再忘_____（le），_____（nà）我怎么办呢？"
(xiǎo gǒu xiǎng / ma / rú guǒ / zài / wàng / wǒ zěn me bàn ne)

附录一 生字和生词表（中英对照）

课数	生字	词语	英译
第一单元第一课	yī 一	yì běn 一本	a (book)
		yí yàng 一样	the same
	èr 二	èr lóu 二楼	the second floor
		èr hào 二号	number 2
	sān 三	sān jiǎo xíng 三角形	triangle
	sì 四	sì ge 四个	four
	wǔ 五	wǔ yuè 五月	May
第一单元第二课	liù 六	liù suì 六岁	six years old
	qī 七	qī tiān 七天	seven days
	bā 八	bā diǎn zhōng 八点钟	eight o'clock
	jiǔ 九	jiǔ shí jiǔ 九十九	ninety-nine
	shí 十	shí fēn zhōng 十分钟	ten minutes
	bǎi 百	yì bǎi fēn 一百分	perfect score
	qiān 千	yì qiān yuán 一千元	one thousand dollars
第二单元第三课	shàng 上	shàng miàn 上面	the top; above
		shàng xué 上学	to go to school
	zhōng 中	zhōng jiān 中间	in the middle
		zhōng wén 中文	Chinese language
	xià 下	xià miàn 下面	underneath; lower levels
		xià wǔ 下午	afternoon
	dà 大	dà jiā 大家	everyone
		hěn dà 很大	very big
	xiǎo 小	xiǎo hái r 小孩儿	child

课数	生字	词语	英译
第二单元第三课	xiǎo 小	xiǎo xué 小学	elementary school
	shǒu 手	xǐ shǒu 洗手	to wash hands
		shǒu jī 手机	cellular phone
	lì 力	lì qi 力气	physical strength
		yòng lì 用力	to exert oneself
第二单元第四课	gōng 工	gōng zuò 工作	to work
		gōng jù 工具	tools
	kǒu 口	kǒu shuǐ 口水	saliva
		kǒu xiāng táng 口香糖	chewing gum
	bù 不	bù hǎo 不好	not good
		bú yào 不要	do not want
	zuǒ 左	zuǒ shǒu 左手	left hand
		zuǒ biān 左边	the left side
	yòu 右	yòu shǒu 右手	right hand
		yòu biān 右边	the right side
	yǒu 有	yǒu yòng 有用	useful
		yě yǒu 也有	also have
	jiān 尖	bǐ jiān 笔尖	tip of a pen
		hěn jiān 很尖	very sharp
第三单元第五课	shān 山	pá shān 爬山	to climb mountains
		shān dòng 山洞	cave
	huǒ 火	shī huǒ 失火	on fire
		huǒ shān 火山	volcano
	shuǐ 水	hē shuǐ 喝水	to drink water
		qì shuǐ 汽水	soda
	tǔ 土	nián tǔ 黏土	clay
		tǔ dì 土地	land

课数	生字	词语	英译
第三单元第五课	mù 木	mù tou 木头	wood
		mù guā 木瓜	papaya
	lín 林	sēn lín 森林	forest
		shù lín 树林	woods
	yuè 月	yuè liang 月亮	the moon
		yuè bǐng 月饼	a moon cake
第三单元第六课	tiān 天	měi tiān 每天	every day; daily
		tiān qì 天气	weather
	shēng 生	shēng bìng 生病	to get sick
		shēng qì 生气	to get angry
	rì 日	shēng rì 生日	birthday
		xīng qī rì 星期日	Sunday
	kǎ 卡	kǎ piàn 卡片	card
		kǎ chē 卡车	truck
	zǎo 早	zǎo shang 早上	morning
		zǎo ān 早安	good morning
	yě 也	yě shì 也是	also
		yě xǔ 也许	perhaps
	hóng 红(紅)	hóng sè 红色	red color
		hóng lǜ dēng 红绿灯	traffic lights
第四单元第七课	yún 云(雲)	bái yún 白云	white cloud
		wū yún 乌云	dark cloud
	huā 花	huā yuán 花园	a flower garden
		bào mǐ huā 爆米花	popcorns
	yǔ 雨	yǔ sǎn 雨伞	umbrella
		yǔ yī 雨衣	raincoat
	bái 白	bái zhǐ 白纸	white paper

课数	生字	词语	英译
第四单元第七课	bái 白	bái gōng 白宫	White House
	duō 多	hěn duō 很多	many; much
		bù duō 不多	not too much
	shǎo 少	duō shǎo 多少	how many; how much
		tài shǎo 太少	too little
	de 的	wǒ de 我的	my; mine
		hǎo de 好的	O.K.; all right
第四单元第八课	shí 石	shí tou 石头	stone; rock
		huà shí 化石	fossil
	fēng 风(風)	fēng zheng 风筝	kite
		dà fēng 大风	strong wind
	shā 沙	shā tān 沙滩	beach
		shā fā 沙发	sofa
	míng 明	míng tiān 明天	tomorrow
		cōng míng 聪明	clever
	zi 子	xiǎo hái zi 小孩子	little kid
		fáng zi 房子	house
	zú 足	zú qiú 足球	soccer
		shǒu zú 手足	sibling
	wán 玩	wán jù 玩具	toy
		hǎo wánr 好玩儿	fun
第五单元第九课	rén 人	dà rén 大人	adult
		hǎo rén 好人	a person of virtue
	lái 来(來)	guò lái 过来	to come
		qǐ lái 起来	to get up
	mǐ 米	bái mǐ 白米	rice
		yù mǐ 玉米	corn
	tián 田	zhòng tián 种田	to farm
		yù mǐ tián 玉米田	corn field

课数	生字	词语	英译
第五单元第九课	shì 是	bú shì 不是	no
		kě shì 可是	but
	wǒ 我	wǒ men 我们	we
		wǒ jiā 我家	my family
	méi 没	méi yǒu 没有	no; not; do not have
第五单元第十课	xīng 星	xīng xing 星星	star
		xīng qiú 星球	planet; star
	zài 在	bú zài 不在	not in; absent
		zài jiā 在家	to be at home
	zuò 坐	zuò xià 坐下	to sit down
		zuò chē 坐车	by bus or car
	qù 去	huí qù 回去	to go back
		chū qù 出去	to go out
	dù 肚	dù zi 肚子	belly; abdomen
	hé 和	wǒ hé nǐ 我和你	you and I
	ròu 肉	kǎo ròu 烤肉	barbecue
		niú ròu 牛肉	beef
第六单元第十一课	mù 目	mù guāng 目光	vision; sight
		tí mù 题目	test questions
	ěr 耳	ěr duo 耳朵	ears
		ěr jī 耳机	earphone
	shé 舌	shé tou 舌头	tongue
		shé jiān 舌尖	the tip of the tongue
	yá 牙	yá chǐ 牙齿	tooth
		yá shuā 牙刷	toothbrush
	xīn 心	xiǎo xīn 小心	to be careful

课数	生字	词语	英译
第六单元第十一课	xīn 心	kāi xīn 开心	happy
	hǎo 好	hǎo chī 好吃	delicious
		hěn hǎo 很好	very good
	zhèng 正	zhèng zài 正在	in the process of
		zhèng fāng xíng 正方形	square
第六单元第十二课	xuě 雪	xuě rén 雪人	snowman
		xià xuě 下雪	to snow
	dì 地	dì shàng 地上	on the ground
		dì qiú 地球	earth
	zhú 竹	zhú zi 竹子	bamboo
		zhú yè 竹叶	bamboo leaf
	nǐ 你	nǐ men 你们	you (plural)
		nǐ hǎo 你好	hello
	tā 他	tā de 他的	his
		tā men 他们	they
	kàn 看	kàn shū 看书	to read
		hǎo kàn 好看	good-looking; interesting
	jiàn 见 (見)	kàn jiàn 看见	to see
		zài jiàn 再见	goodbye
第七单元第十三课	kū 哭	kū le 哭了	to cry
		bù kū 不哭	do not cry
	xiào 笑	wēi xiào 微笑	to smile
		xiào hua 笑话	joke
	jiào 叫	dà jiào 大叫	to yell; to shout
	chàng 唱	chàng gē 唱歌	to sing
	zǒu 走	zǒu lù 走路	to walk

课数	生字	词语	英译
第七单元第十三课	zǒu 走	zǒu kāi 走开	to walk away
	bā 巴	zuǐ ba 嘴巴	mouth
		wěi ba 尾巴	tail
	le 了	hǎo le 好了	It's OK.
		lái le 来了	have come; coming
第七单元第十四课	bǐ 比	bǐ yì bǐ 比一比	to compare
		bǐ sài 比赛	to compete
	lǐ 李	lǐ zi 李子	plum
		xíng li 行李	luggage
	dāo 刀	dāo zi 刀子	knife
		jiǎn dāo 剪刀	scissors
	wèi 位	zuò wèi 座位	seat
		yí wèi lǎo shī 一位老师	a teacher
	ya 呀	āi ya 哎呀	ai
	cǎo 草	cǎo dì 草地	meadow
		cǎo méi 草莓	strawberry
	xiàng 象	dà xiàng 大象	elephant
		xiàng yá 象牙	ivory
第八单元第十五课	jiāo 交	jiāo péng you 交朋友	to make friends
		jiāo gěi wǒ 交给我	to give me (something)
	péng 朋	péng you 朋友	a friend
	yǒu 友	péng you 朋友	a friend
	zhī 只(隻)	yì zhī 一只	a (bird)
	xiào 校	xué xiào 学校	school
		xiào chē 校车	school bus

课数	生字	词语	英译
第八单元第十五课	nǚ 女	nǚ hái r 女孩儿	girl
		nǚ ér 女儿	daughter
	nán 男	nán hái r 男孩儿	boy
		nán shēng 男生	boy
第八单元第十六课	xìng 姓	xìng míng 姓名	name
	yán 言	yǔ yán 语言	language
		fāng yán 方言	dialect
	lì 立	lì zhèng 立正	stand at attention
		lì kè 立刻	immediately
	jiāng 江	cháng jiāng 长江	Yangtze River
	hé 禾	hé miáo 禾苗	seedlings of cereal crops
	zhè 这(這)	zhè shì 这是	This is…
		zhè lǐ 这里	here
	nà 那	nà shì 那是	That is …
		nà lǐ 那里	there
	nǎ 哪	nǎ lǐ 哪里	where
		nǎ ge 哪个	which one

附录二 生字表（按音序排列）

A	
B	bā 八、bā 巴、bái 白、bǎi 百、bǐ 比、bù 不（bú 不）
C	cǎo 草、chàng 唱
D	dà 大、dāo 刀、de 的、dì 地、dù 肚、duō 多
E	ěr 耳、èr 二
F	fēng 风
G	gōng 工
H	hǎo 好、hé 和、hé 禾、hóng 红、huā 花、huǒ 火
J	jiān 尖、jiàn 见、jiāng 江、jiāo 交、jiào 叫、jiǔ 九
K	kǎ 卡、kàn 看、kǒu 口、kū 哭
L	lái 来、le 了、lǐ 李、lì 力、lì 立、lín 林、liù 六
M	méi 没、mǐ 米、míng 明、mù 木、mù 目
N	nǎ 哪、nà 那、nán 男、nǐ 你、nǚ 女
P	péng 朋
Q	qī 七、qiān 千、qù 去
R	rén 人、rì 日、ròu 肉
S	sān 三、shā 沙、shān 山、shàng 上、shǎo 少、shé 舌、shēng 生、shí 十、shí 石、shì 是、shǒu 手、shuǐ 水、sì 四
T	tā 他、tiān 天、tián 田、tǔ 土

W	wán wèi wǒ wǔ 玩、位、我、五
X	xià xiàng xiǎo xiào xiào xīn xīng xìng xuě 下、象、小、校、笑、心、星、姓、雪
Y	yá ya yán yě yī yí yì yǒu yǒu yòu yǔ yuè yún 牙、呀、言、也、一（一、一）、友、有、右、雨、月、云
Z	zài zǎo zhè zhèng zhī zhōng zhú zi zú zuǒ zuò zǒu 在、早、这、正、只、中、竹、子、足、左、坐、走

北大版海外汉语教材

Mei Zhou Chinese

Level 1

Simplified Chinese 简体版

美洲华语

第一册 生字卡 Flash Card

许笑浓 主编

北京大学出版社
PEKING UNIVERSITY PRESS

一本、一样 一	一
二楼、二号 二	二
三角形 三	三

四个 四	四
五月 五	五
六岁 六	六

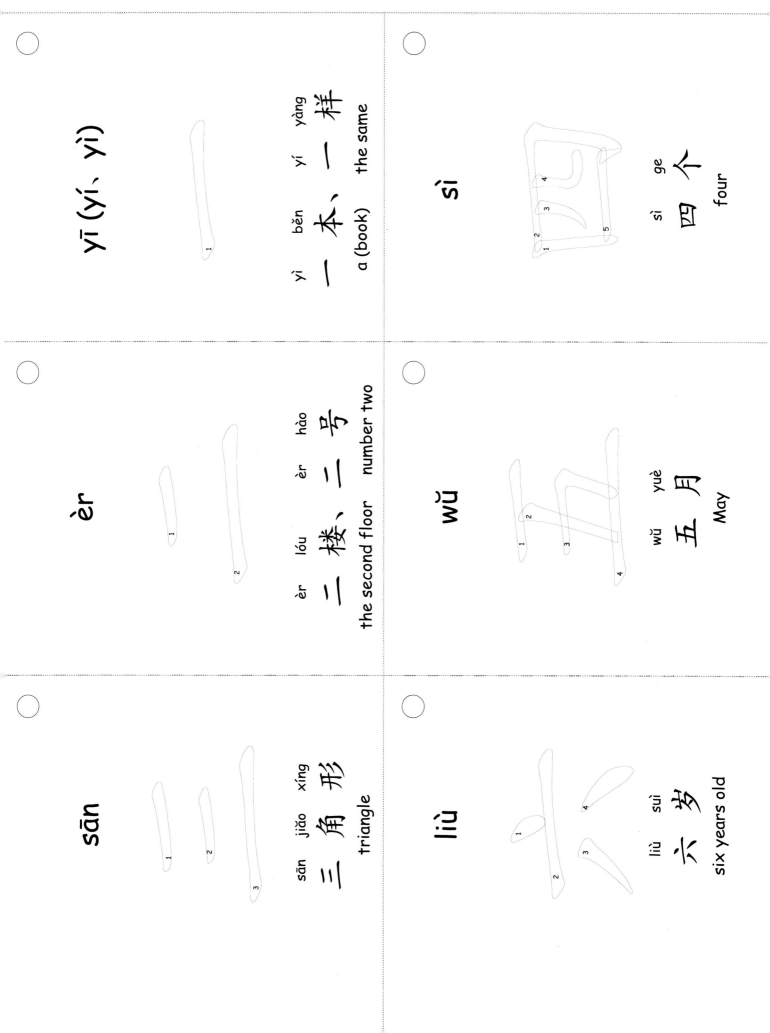

七天 七	十分钟 十
八点钟 八	一百分 百
九十九 九	一千元 千

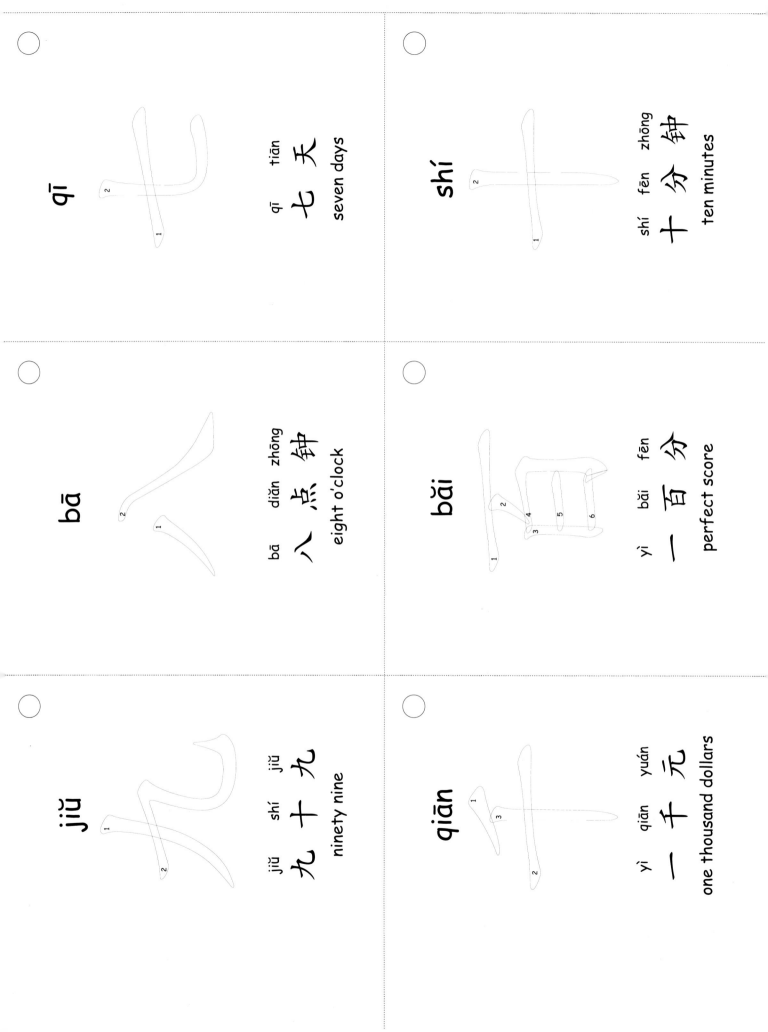

上面、上学	上
大象、很大	大
中间、中文	中
小孩儿、小学	小
下面、下午	下
洗手、手机	手

shàng

shàng miàn 上面 the top; above
shàng xué 上学 to go to school

zhōng

zhōng jiān 中间 in the middle
zhōng wén 中文 Chinese language

xià

xià miàn 下面 underneath
xià wǔ 下午 afternoon

dà

dà jiā 大家 everyone
hěn dà 很大 very big

xiǎo

xiǎo hái'r 小孩儿 child
xiǎo xué 小学 elementary school

shǒu

xǐ shǒu 洗手 to wash hands
shǒu jī 手机 cellular phone

力	口
力气、用力	口水、口香糖

不	工
不好、不要	工作、工具

左	右
左手、左边	右手、右边

lì

力

lì 力气 physical strength
yòng lì 用力 to exert oneself

bù (bú)

bù 不好 not good
bú yào 不要 do not want

gōng

工

gōng zuò 工作 to work
gōng jù 工具 tools

zuǒ

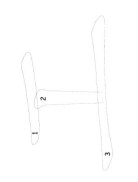

zuǒ shǒu 左手 left hand
zuǒ biān 左边 the left side

kǒu

口

kǒu shuǐ 口水 saliva
kǒu xiāng táng 口香糖 chewing gum

yòu

yòu shǒu 右手 right hand
yòu biān 右边 the right side

有	尖	山
有用、也有	笔尖、很尖	爬山、山洞

火	水	土
失火、火山	喝水、汽水	黏土、土地

yǒu

有

yòu yòng 有用 useful
yě yǒu 也有 also have

huǒ

火

shī huǒ 失火 on fire
huǒ shān 火山 volcano

jiān

尖

bǐ jiān 笔尖 tip of a pen
hěn jiān 很尖 very sharp

shuǐ

水

hē shuǐ 喝水 to drink water
qì shuǐ 汽水 soda

shān

山

pá shān 爬山 to climb mountains
shān dòng 山洞 cave

tǔ

土

nián tǔ 黏土 clay
tǔ dì 土地 land

木头、木瓜	木
每天、天气	天	天

森林、树林 林

月亮、月饼 月

生病、生气 生

生日、星期日 日

mù

木

mù 木 wood
mù tou 木头 wood
mù guā 木瓜 papaya

tiān

天

měi tiān 每天 every day; daily
tiān qì 天气 weather

lín

林

sēn lín 森林 forest
shù lín 树林 woods

shēng

生

shēng bìng 生病 to get sick
shēng qì 生气 to get angry

yuè

月

yuè liang 月亮 the moon
yuè bing 月饼 a moon cake

rì

日

shēng rì 生日 birthday
xīng qī rì 星期日 Sunday

卡	早
卡片、卡车	早上、早安

云	也
白云、乌云	也是、也许

花	红
花园、爆米花	红色、红绿灯

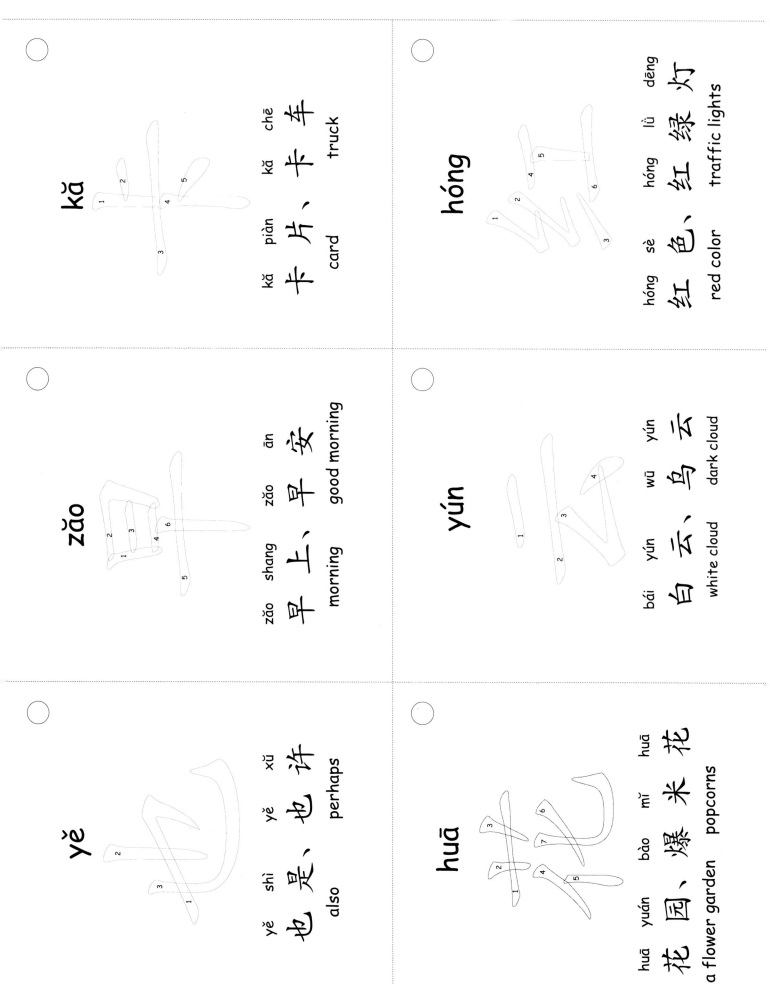

雨

雨

雨伞、雨衣

美洲华语 1-4

白

白

白纸、白宫

美洲华语 1-4

多

多

很多、不多

美洲华语 1-4

少

少

多少、太少

美洲华语 1-4

的

的

我的、好的

美洲华语 1-4

石

石

石头、化石

美洲华语 1-4

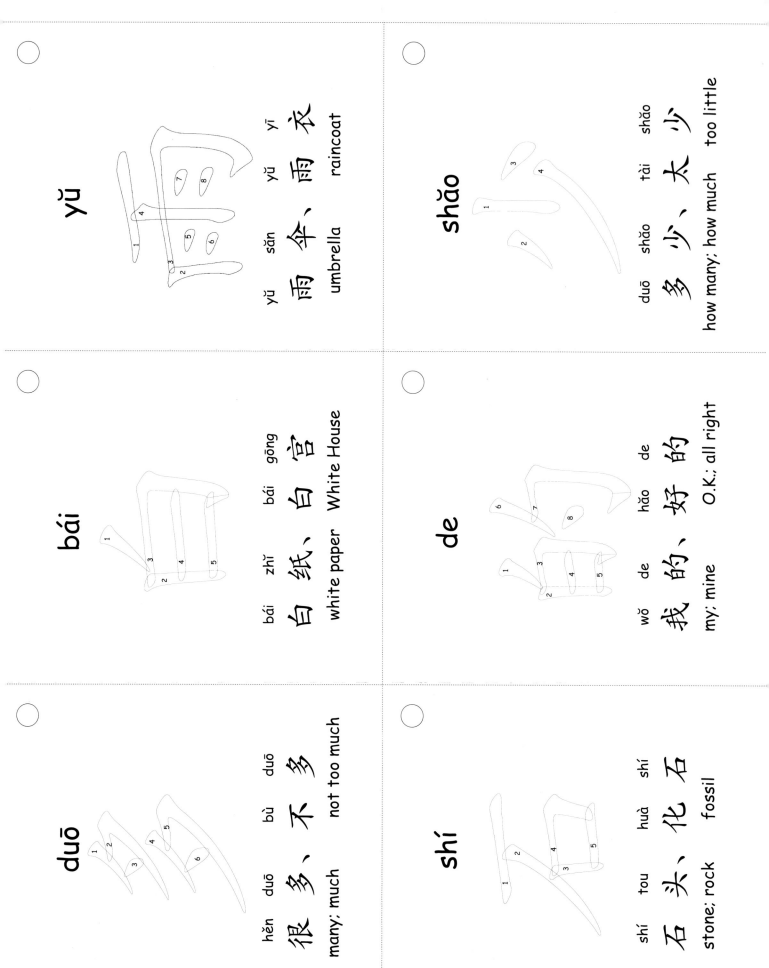

风	明
风筝、大风	明天、聪明

沙	
沙滩、沙发	

子	足
小孩子、房子	足球、手足

玩	
玩具、好玩儿	

fēng

fēng zheng 风筝、 kite
dà fēng 大风 strong wind

zi

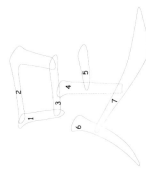

xiǎo hái zi 小孩子、 little kid
fáng zi 房子 house

shā

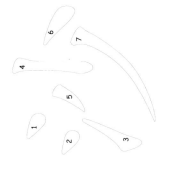

shā tān 沙滩、 beach
shā fā 沙发 sofa

zú

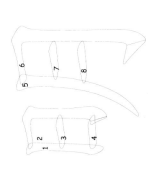

zú qiú 足球、 soccer
shǒu zú 手足 sibling

míng

明

míng tiān 明天、 tomorrow
cōng míng 聪明 clever

wán

玩

wán jù 玩具、 toy
hǎo wánr 好玩儿 fun

大人、好人 — 人

过来、起来 — 来

白米、玉米 — 米

种田、玉米田 — 田

不是、可是 — 是

我们、我家 — 我

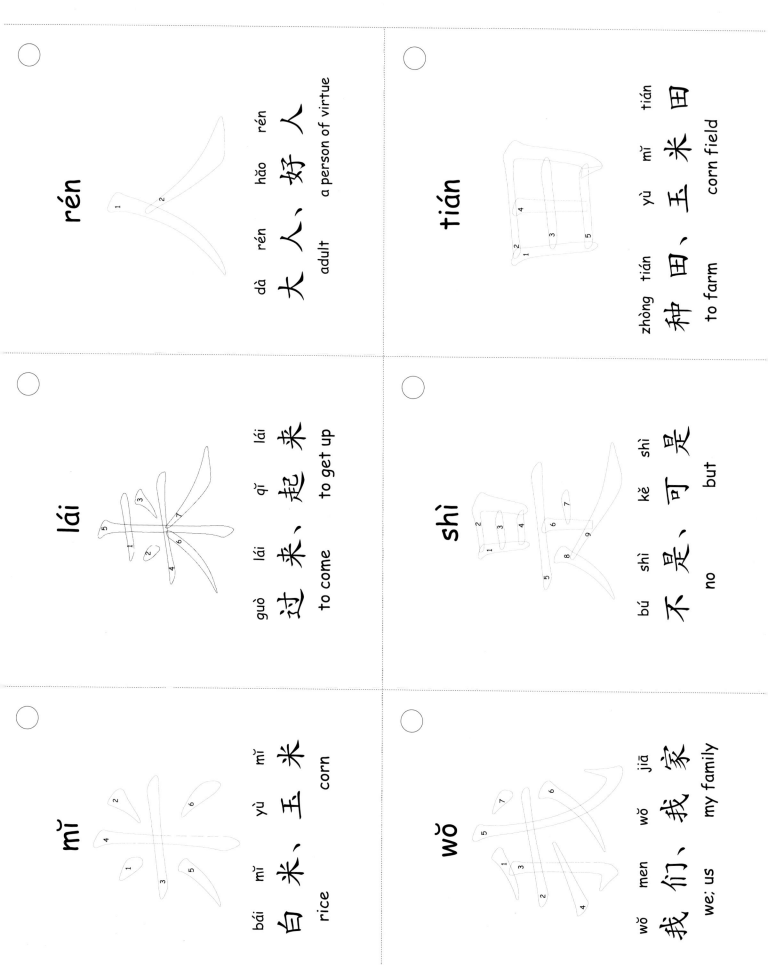

没有

没

星星、星球

星

不在、在家

在

坐下、坐车

坐

回去、出去

去

肚子

肚

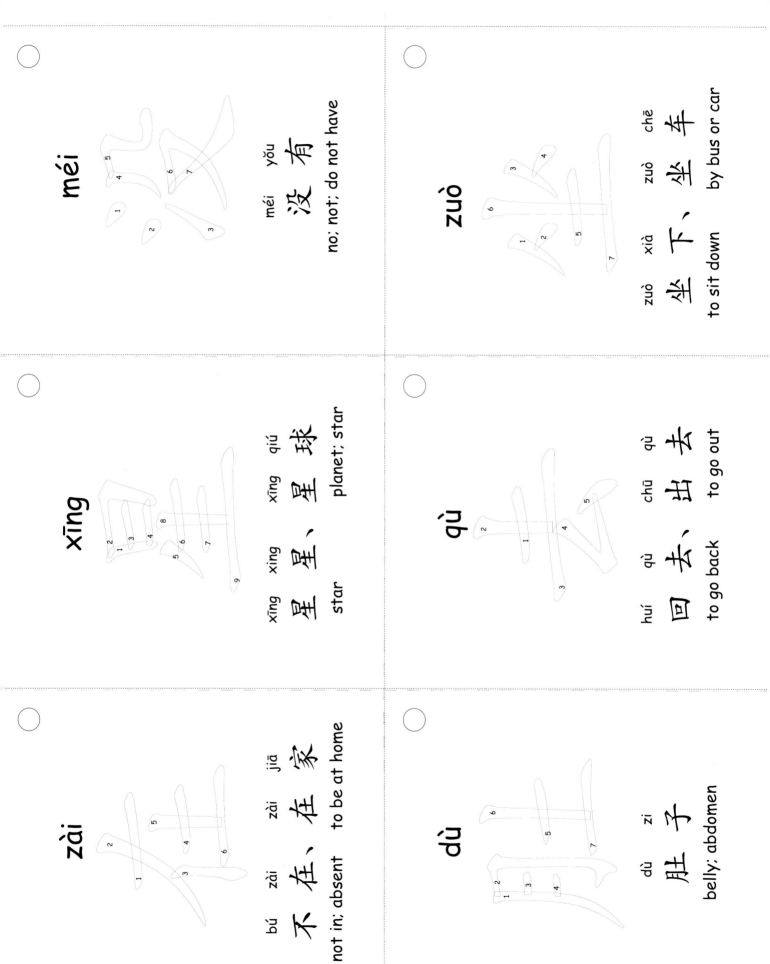

我和你 / 和 / 和口

烤肉、牛肉 / 肉 / 肉

耳朵、耳机 / 耳 / 耳

舌头、舌尖 / 舌 / 舌

目光、题目 / 目 / 目

牙齿、牙刷 / 牙 / 牙

hé

和

wǒ hé nǐ
我 和 你
you and I; you and me

ěr

耳

ěr duo / ěr jī
耳 朵 / 耳 机
ears / earphone

ròu

肉

kǎo ròu / niú ròu
烤 肉 / 牛 肉
Barbecue / beef

shé

舌

shé tou / shé jiān
舌 头 / 舌 尖
tongue / the tip of the tongue

mù

目

mù guāng / tí mù
目 光 / 题 目
visiom: sight / test questions

yá

牙

yá chǐ / yá shuā
牙 齿 / 牙 刷
tooth / toothbrush

小心、开心 心

好吃、很好 好

正在、正方形 正

雪人、下雪 雪

地上、地球 地

竹子、竹叶 竹

xīn

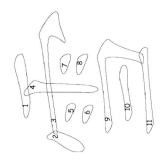

xiǎo xīn 小心、 to be careful
kāi xīn 开心 happy

xuě

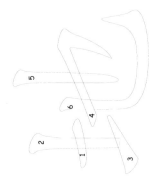

xuě xià xuě 下雪 to snow
xuě rén 雪人 snowman

hǎo

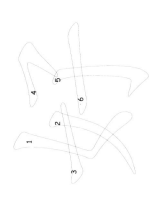

hǎo chī 好吃、 delicious
hěn hǎo 很好 very good

dì

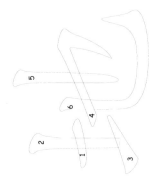

dì shàng 地上、 on the ground
dì qiú 地球 earth

zhèng

zhèng zài 正在、 in the process of
zhèng fāng xíng 正方形 square

zhú

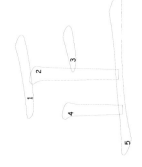

zhú zi 竹子 bamboo
zhú yè 竹叶 bamboo leaf

你

你

你们、你好

美洲华语 1-6

他

他

他的、他们

美洲华语 1-6

看

看

看书、好看

美洲华语 1-6

見

见

看见、再见

美洲华语 1-6

哭

哭

哭了、不哭

美洲华语 1-7

笑

笑

微笑、笑话

美洲华语 1-7

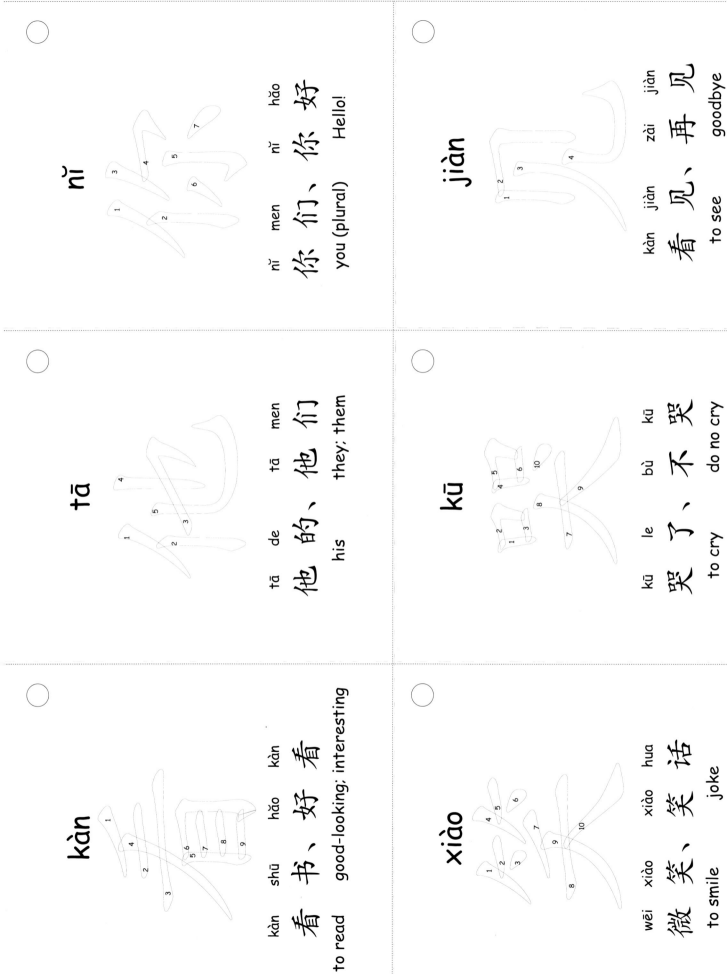

叫 大叫	唱 唱歌	走 走路、走開
巴 嘴巴、尾巴	了 好了、來了	比 比一比、比賽

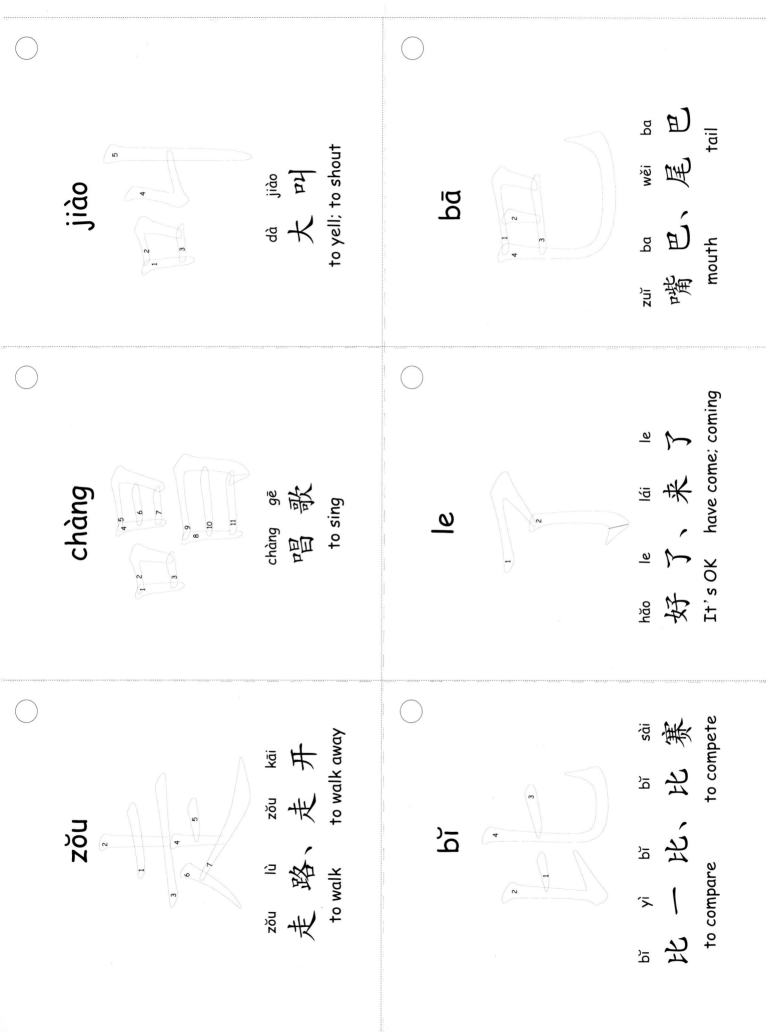

李	李子、行李
刀	刀子、剪刀
呀	哎呀
草	草地、草莓
位	座位、一位老师
象	大象、象牙

lǐ 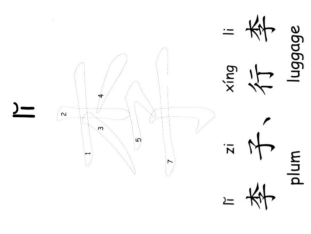 lǐ zi 李子 plum xíng li 行李 luggage	**ya** 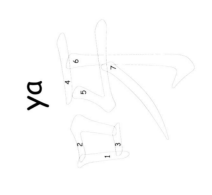 āi ya 哎呀 ai
dāo 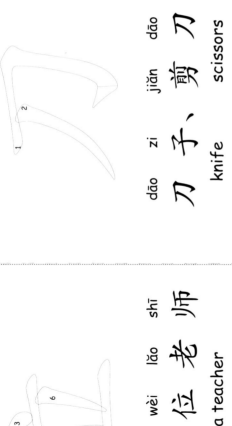 dāo zi 刀子 knife jiǎn dāo 剪刀 scissors	**cǎo** 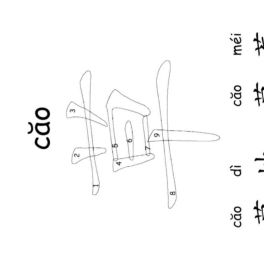 cǎo méi 草莓 strawberry cǎo dì 草地 meadow
wèi 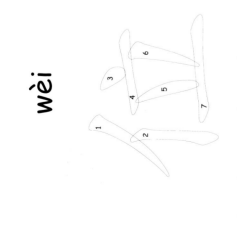 zuò wèi 座位 seat yí wèi lǎo shī 一位老师 a teacher	**xiàng** dà xiàng 大象 elephant xiàng yá 象牙 ivory

交	交朋友、交给我
朋	朋友
友	朋友
只	一只
隻	
校	学校、校车
女	女孩儿、女儿

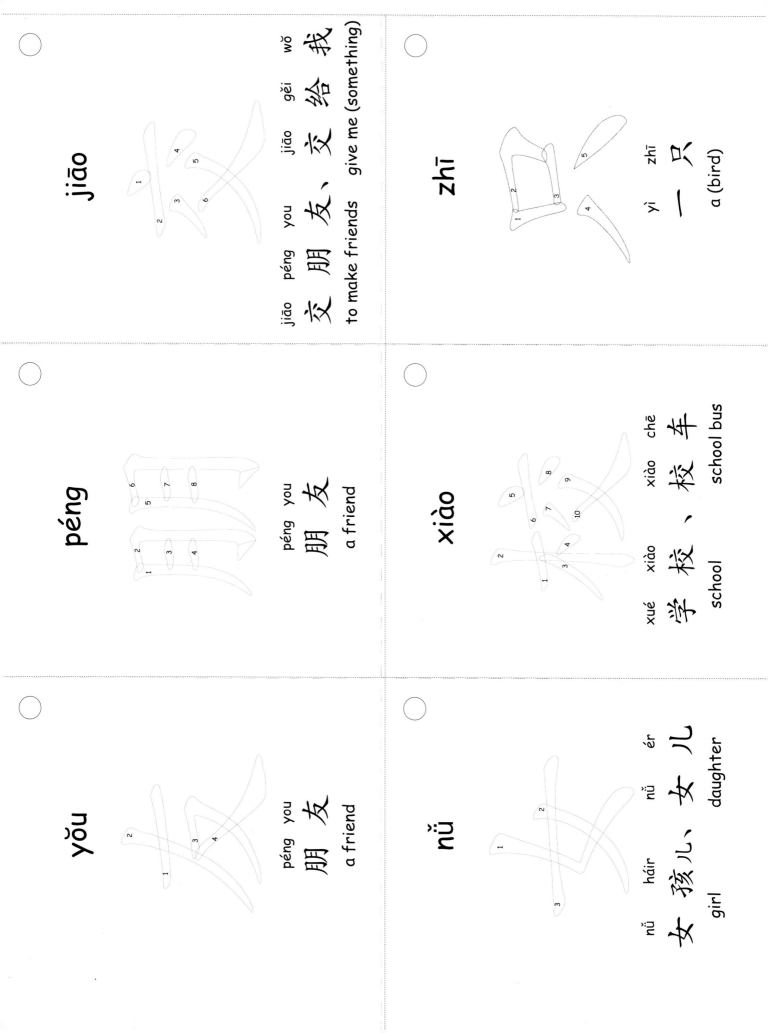

男孩儿、男生

男 | 男

姓名

姓 | 姓

语言、方言

言 | 言

立正、立刻

立 | 立

长江

江 | 江

禾苗

禾 | 禾

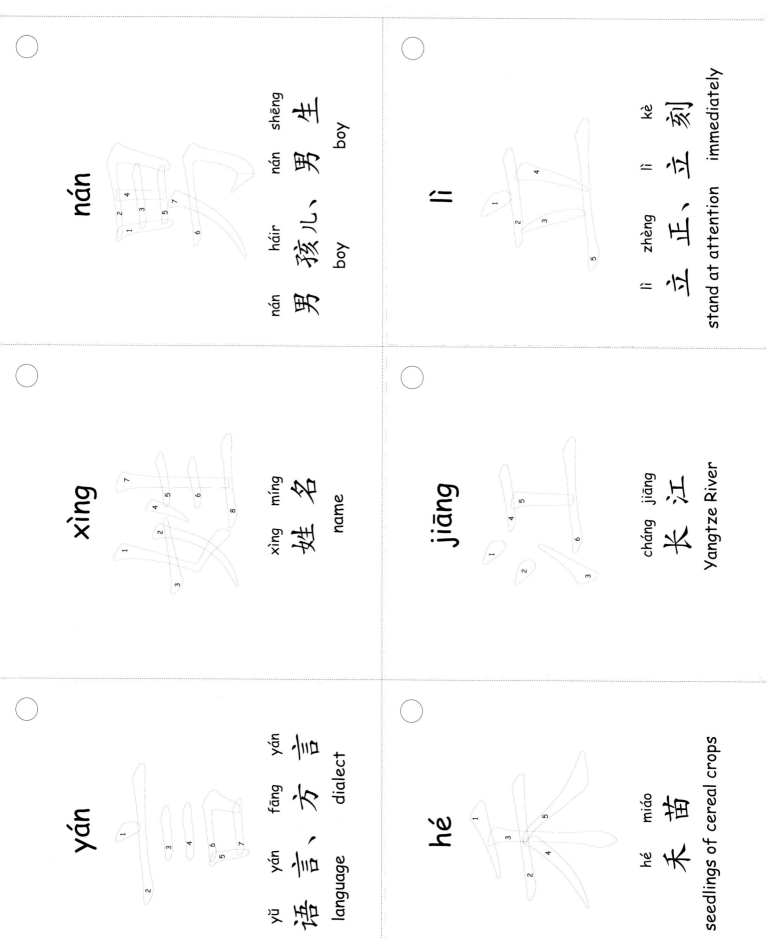

这是、这里 | 这

那是、那里 | 那

哪里、哪个 | 哪

华人、华话 | 華

语言 | 語

一个、一只 | 一

zhè

这

zhè　　　　lǐ
这 、 这 里
This is... here

huá

华

huá　　rén　　huá　　yǔ
华 人 、 华 语
Chinese　Chinese language

nǎ、nà

那

nà　　shì　　nà　　lǐ
那 是 、 那 里
That is... there

yǔ

语

yǔ　　　　yán
语 言
language

nǎ

哪

nǎ　　lǐ　　nǎ　　ge
哪 里 、 哪 个
where　which one

yī (yí、yì)

一

yí　　ge　　yì　　zhī
一 个 、 一 只
a (apple)　a (bird)

哪	校	告	看	李	没	星	耳
华	女	牙	见	刀	在	坐	肚
语	男	心	笑	位	去	雪	希
一	姓	好	叫	羊	吐	地	林
	言	正	唱	象	巴	竹	日
	立	江	走	交	丁	你	比
	那	禾	这	朋	友	他	尺

《美洲华语》（简体版）第一册·第二册·第三册·第四册·第五册
第六册·第七册·第八册·第九册·第十册
第十一册·第十二册

- 课本（含CD-Rom光盘）
- 故事书（含CD-Rom光盘）
- 作业本（含生字卡）

语音教学　字词教学　情境教学　人文教学
人文　　　生活　　　童话　　　文学
日常会话　　常用词语　　基本句型

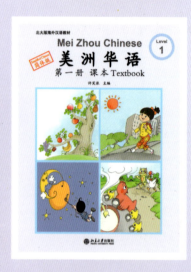
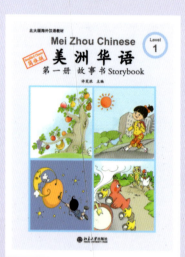
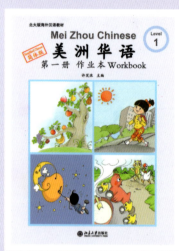

学校 School
班级 Grade
姓名 Name

上架建议：对外汉语

ISBN 978-7-301-15972-9

定价：42.00元（含生字卡一套）